Sint Antonius van Padua

Sint Antonius van Padua

Kerkleraar

Jean Vézère

abeditions

© abeditions 2021
George Bergmannlaan 42,
1050 Brussel. België.
http://www.abeditions.com

Illustraties :

A. Van Ballenberghe

J. Colruyt (couverture)

D 2021/0192/1
ISBN 978-2-930052-51-9

(ISBN 2-930052-11-2, 1ste publicatie)

De volksdevotie heeft ons beeld van de heilige Antonius enigszins vervormd, omdat ze hem voor zichzelf claimde, hem altijd wou zien, hem in elke kerk wou zien staan en hem dus wou voorstellen als een publieksvriendelijke heilige, en dus vaak onomwonden als een « mooie man ».

Maar dat gebeurde omdat het volk van hem hield. Een groot aantal afbeeldingen van Antonius die de term religieuze kunst niet waardig zijn moeten dan ook eerder beschouwd worden als ontroerende getuigenissen van affectie dan als de ontluisterende toonbeelden van slechte smaak die ze eveneens zijn.

Het eerste en meest treffende aspect van Sint-Antonius is immers inderdaad dat hij een graag geziene heilige is.

Een mogelijke opwerping kan zijn dat Sint-Antonius graag gezien wordt uit eigenbelang..

Men kan argumenteren dat de kaarsjes die voor hem worden gebrand evenveel verzoeken zijn van belanghebbenden en dat deze devotie vaak is ingegeven door bijgeloof...

Onder meer ook omdat je kan stellen dat Sint-Antonius meer volgelingen heeft dan de Eucharistie... Misschien klopt dat. Maar niet altijd.

Sint-Antonius is een hulpvaardige heilige.

Als mensen hun toevlucht niet willen nemen tot dit soort 'bescheiden middeltjes' is dat hun goed recht. Maar ze mogen deze niet minachten. Misschien moeten zij opnieuw de eenvoud aanleren die christenen voortdurend dreigen te verliezen.

Dat anderen hun ongerustheid uiten bij het zien hoe deze toevlucht verglijdt tot bijgeloof is niet fout, zolang ze daarom niemand veroordelen.

Maar gelukkig zijn zij wiens hart voldoende eenvoudig is, wiens geloof voldoende zuiver en oprecht is om te geloven dat de hemel, verpersoonlijkt door zijn heiligen, belang stelt in onze levens en niet onverschillig staat tegenover onze verdrietigheden.

Het zou niet logisch zijn als wij zouden houden van Sint-Antonius en dat wij ons tot hem zouden wenden zonder de behoefte te voelen hem beter te leren kennen, te weten wie die grote broer is die in de overlevering van de christelijke familie bekend staat voor zijn welwillende edelmoedigheid en die door hen allen met zoveel vertrouwensvolle affectie wordt bejegend.

Deze heilige koesterde, net zoals zijn meester Sint-Franciscus, een diepe liefde voor Jezus. Deze liefde voor Jezus dreef hem ertoe om vanuit Portugal de Middellandse Zee over te steken om eerst in het kielzog van de martelaren te landen op de Marokkaanse kust, en later weer over te steken naar Frankrijk.

Deze heilige was een geleerde. Weinigen hadden meer kennis van de heilige schrift. Zijn taalgebruik is ervan doordrongen: het meandert van het Oude Testament, verwijzend naar het Nieuwe Testament, weer terug naar het Oude Testament...

De heilige was een apostel die met veel vuur kon prediken, op de voet werd gevolgd door enthousiaste toehoorders en massaal mensen wist te informeren en te bekeren.

Deze heilige was ook een toonbeeld van nederigheid, die zich onweerstaanbaar aangetrokken had gevoeld door het voorbeeld van de Minderbroeder van Assisi en diens broeders, en zich slechts uit gehoorzaamheid openbaarde aan zijn toehoorders.

Deze heilige was een man van het gebed, in wie de regel van Sint-Franciscus bleef leven en die nooit toeliet dat zijn grote kennis hem het diepe en nederige contact met God zou doen verliezen. Uit die Godservaring put Sint-Antonius de energie om vriendelijk en hulpvaardig te zijn tegenover ons. Dat is zijn bron.

Wie van hem houdt en hem om hulp vraagt, moet dit weten. Wie van deze gave heeft genoten, moet hem volgen tot bij de bron en daardoor meer gaan houden van God en van de mensen, de vrienden van God.

Nederigheid en eenvoud, dat zijn ontegensprekelijk de kenmerken van de uitstraling en de ziel van Sint-Antonius.

Hij brengt ons nader tot God.

Van zo'n vriend een pedagoog maken die ons in staat stelt om dichter bij God te leven, leren we te wennen aan de wetenschap dat God goed is en graag meegaat in het verhaal van degenen die met Hem meegaan. Meer kunnen we niet wensen, toch ?

Cardinal Garrone

I

De lelie van Portugal

Op het einde van de twaalfde eeuw leunde een jonge moeder uit Lisboa[1], op een zomermorgend door het venster en zag haar lieve zoon in de armen van een trouwe dienstmaagd van de wandeling terugkeren. Wat was me dat een bevallige groep onder schitterende zonnestralen, terwijl felle kleuren van kleed en halsdoek van de vrouw schakering en verscheidenheid in het toneel brachten; oorbellen en lange haarspelden in het gouden zonlicht schitterden fel. Zij lachte met volle mond en hief een bloem op, enige stonden te voren in een der hovingen op de oever van de Taag geplukt.

De nog onbehendige mollige handjes van het kind reikten grijpgierig naar de glanzende lelie met lange gouden stampertjes; nauwelijks, echter sprongen de kleine vingertjes open om de bloem te pakken, toen de meid de koninklijke doch opvolger hoger omhoog stak; dit gebaar liet de blankheid der lelie op het azuur van deze mooie morgen scherper afsteken; de kleine jongen lachte vrolijk ; zijn heldere lach stierf in vogelengekweel uit.

Plots stapten vrouw en kind uit het schitterend licht in de oude straat, dat scheen opgelost te verdwijnen in de schaduw van de Katedraal, de Sé, naaste gebuur van Martin de Bouillon.

Onbewust voelde het kind dat het thuis kwam, want het hief het hoofd op om de woning te verkennen en... het zag zijn moeder aan het venster.

Ongeduldig om ten spoedigste bij haar te zijn, ging het op de armen van de meid zodanig hevig te werk dat deze verplicht was hem op de grond neer te zetten; het was aandoenlijk om zien hoe het, met zijn handje de hand van de vrouw voorttrekkend, zijn kleine en onzekere stotende voetjes op de hobbelige weg vlug over en weer bewoog.

Ontroerd en vervoerd boog de jonge moeder nog meer uit het venster om het kleine tere ding te zien aankomen, het lieve wezentje dat in haar moederliefde het meest wonderkind ter wereld scheen.

Hoe lang en hoe vurig had zij naar hem getracht. Haar echtgenoot, Martin de Bouillon bij name, wiens voorouders zich tijdens de kruistochten met eer overlaadden en die zelf een van de beste kapiteins van Koning Alfonsus I van Portugal geweest was, meende zijn geluk niet volkomen zolang God hem niet een zoon schonk die het geslacht zou voortzetten.

Godvruchtiger en zachtmoediger was de jonge vrouw. Teresa de Tavera, eveneens van adel en verwant zo men zei, met een koninklijke familie; zij wenste een zoon vooral om de schatten van haar tederheid over hem uit te storten en hem tot een trouw kristen en een toekomstige uitverkorene des hemels op te leiden.

Hoe dikwijls, sinds haar huwelijk, had zij gretig de gelegenheid te baat genomen, haar door de nabijstaande kerk geboden, om aan de voet van Maria's altaar te bidden, hetzij onder een vroege mis in de frisheid van een hoopverwekkende morgen, hetzij bij het vallen van de avond, wanneer de zwaarmoedigheid van de stervende dag het gewicht van droefheid op de zielen drukt en het zingen van het bannelingenlied « Salve Regina» aandoenlijker maakt; hoeveel deugd beleefde zij er dan in haar hart in Maria's hart uit te storten.

De Lisboase katedraal werd in de eerste eeuwen van de kristelijke tijdrekening gebouwd, later tot Muzelmaanse Moskee veranderd en door Alfons I, stichter en eerste koning van Portugal, gedeeltelijk herbouwd; zij was toegewijd aan de Tenhemelopname van Maria.

Voor het schilderij, dat de Onbevlekte voorstelt, terwijl engelen haar op hun vleugels hemelwaarts voeren, had Tere meer-

maals geweend, Maria bezworen dat Zij hare bede zou verhoren en Haar vertrouwen en liefde sterk betuigd.

Op de Haar eigen steeds kiese en koninklijke wijze had Maria antwoord geschonken en met een zoon de jonge echtgenoten gezegend; om hen te laten zien dat Zij het kind vanaf zijn geboorte onder Hare bescherming nam, had Zij hem op de dag van Haar feest, 15 augustus 1195, het levenslicht laten aanschouwen.

De gelukkige moeder trok van het venster weg; de straat boezemde haar geen belang meer in. De meid stapte zo juist het huis binnen, zette het kind terug op de arm en de knaap drukte de eindelijk veroverde lelie in zijn kleine vingertjes.

— Hij is een bloem, mijn bloem, dacht de jonge moeder. Zijn vader was goed geïnspireerd toen hij hem boven de doopvont acht dagen na zijn geboorte de naam Fernando schonk; die naam verkoos hij ter ere van zijn broeder, Fernando de Bouillon, geleerde, kanunnik van de katedraal, door geheel de familie ten zeerste geacht. - Wat mij betreft, indien die naam mij behaagt, dan is het omdat hij « Bloem » betekent... « Fernando, mijn mooie bloem, mijn teergeliefde bloem !... ».

Haar scherp gehoor nam aan de andere kant van de muur een schuiven van espadrilles over de vloerstenen van de galerij waar, zij trok de deur open, liep sierlijk en:

— Mijn Fernando !

Zij nam de jongen uit de armen van de meid, droeg haar lieve schat in haar kamer en overlaadde hem met kussen en strelingen.

— Was hij braaf tijdens de wandeling ?

— Toch wel, antwoordde de vrouw. Hij heeft zijn ogen zat gezien aan bomen, bloemen, de Taag, schepen, vissersschuiten, zilveren vissen in de netten spartelend. Geheel de tijd lachte hij op zon, zoet zeewindje, en de heerlijke morgen... En hij babbelde... babbelde, het onschuldig wicht, zoveel en zo erg dat ik vast meen dat hij gaat spreken.

— Spreken ? Hoe denkt gij daaraan ? Hij is maar amper elf maand...

— Ja maar, meesteres, kon hij ook niet veel vroeger stappen dan andere kinderen ?

Teresa glimlachte en herinnerde zich het onvergeetbaar toneel op de patio: de verbazing van haar man, toen hij zag dat de waggelende beentjes zich ineens strekten, haar eigen ongerustheid toen zij de armen beschermend rondom de kleine hield en niet minder de volhardende koppigheid van de kleine die bleef pogen te stappen, het moedig alleen aandierf en eindelijk zijn eerste pasjes lukte.

— Zijn vader voorzegde dat Fernando een onbuigbare wil zou hebben, een onvermoeide voetganger met benen en hard zou worden, een zeer groot reiziger...

— Wat zal er dan voorspeld worden, bracht de meid in, als Fernando het spreken zo vroeg als het gaan zal aanvangen ? Zal men zeggen dat hij later mooie redevoeringen zal uitspreken... dat hij eens een beroemd predikant zal zijn, een groot prediker ?

Het kind lachte en babbelde zonder ophouden, net een zacht gekweel gelijk aan dat, wat men bij het opstaan der zon in de met dauw beparelende bomen van de hoven waarneemt.

— Wellicht zegt hij vandaag zijn eerste woord, opperde de meid.

Zij knielde voor het kind, spoorde het aan nogmaals de wondere oefening van het spreken te beproeven en zijzelf spelde langzaam en klaar de eerste woorden voor, die elke voedster het eerst leert uitspreken: Pae... Mae... Vader, Moeder!

Fernando scheen niet te begrijpen.

De jonge moeder riep uit:

— Wat durft gij toch op zijn ouderdom eisen, Santa Maria !

— Maria ! stamelde het kind.

Beide vrouwen sprongen op.

— Hij heeft gesproken, hij heeft zijn eerste woord gezegd ! Gij hebt het zo goed verstaan als ik, is't niet ? Hij zegde: Maria !

— Maria, hernam kleine Fernando, met klaardere stem.

— Hij spreekt, juichte de meid. En nu moet gij zeggen: Vader, Moeder, Pae, Mae.

— Maria ! zegde de zoon van Martin de Bouillon voor de derde maal.

— Dring niet verder aan, merkte de moeder op. Hij heeft gesproken en God moet dank gezegd: het eerste woord, door deze onschuldige lippen uitgebracht, is de naam van Maria aan wie ik hem vanaf zijn geboorte opgedragen heb, de Heilige Maagd, die mijn lieve zoon op de dag van Haar glorierijke Tenhemelopname ons ten geschenke gaf. Moge hij altijd waardig zijn de bescherming van de Koningin des hemels te verdienen.

Uitgeput door de krachtinspanning van zijn eerste woord sliep de kleine op moeders schoot zachtjes in, terwijl zijn vingertjes de mooie bloem, wier blankheid hem bekoord had, vastklampten. Daar sliep degene, die in de dertiende eeuw door de kracht van zijn woord de menigte zal ontroeren, massa's volk meeslepen en veranderen, wonderen vermenigvuldigen en een van de grote stemmen uit de christenheid zijn.

— Hij ook is een lelie, dacht moeder. Was zijn eerste woord niet een liefdekreet tot de Maagd der maagden ?

Ontroerd, diep nadenkend bezag zij met oneindige tederheid het klein gezichtje met fijn afgetekende trekken, het matte voorhoofd waarop een zwarte haarbos sierlijk neerhing, de neergelaten wenkbrauwen met donkere wimpers afgeboord, de halfgeopende mond uit dewelke een stukje roze tong stak.

Die mond in boogvorm zou in de toekomst driftig op zielen jagen en vele pijlen afschieten; die kindertong, zojuist losser gemaakt, zou zodanig het kwaad achtervolgen, slaan en doorbreken en de dwaling vernietigen, dat zij voor de onvermoeibare apostel verdienen zal, « Hamer van de ketters » genoemd te worden; tot beloning voor zoveel schone gevechten zal God met opzet die tong voor het bederf van het graf vrijwaren.

Teresa had de meid doorgezonden. Tederlijk over haar zoon gebogen zag zij hem slapen; de reinheid en de sierlijkheid van zijn gezicht bekoorden haar; zij vermoedde niet welke wondere en grootse toekomst die allerkleinste te wachten stond, nu onmondig en onmachtig in de holte van haar knieën genesteld met zijn hoofdje rustend in de lauwe warmte van de beschermende moederarmen.

II

In de schaduw van het altaar

Het kind groeide op en werd hoe langer hoe meer de fierheid van vader en het geluk van moeder. Zijn levendig verstand en gelukkige geneigdheid tot het goede bij een zo jong wezen wekten verwondering; zelfs vreemdelingen voelden dat zij aangetrokken werden door die kleine jongen met sierlijke gelaatstrekken en beminnelijk karakter die noch gril scheen te kennen, noch ongebreidelde liefde tot het spel, noch opstandigheid, noch twistzucht, noch koppigheid, bij jongens van zijn ouderdom zo vaak vastgesteld.

Zijn moeder was alles voor hem; met volmaakte onderdanigheid volgde hij de minste van haar ingevingen, zo had Tere het gemakkelijk de ziel van haar zoon naar eigen beeld te vormen en hem, vanaf zijn eerste jaren mee te delen hetgeen zij van haar voorouders, heldhaftige christenen uit Asturïe, overgeërfd had, namelijk geloof en diepe godsvrucht.

De jonge vrouw had altijd gehouden van langdurige gebedenstonden in de kerken. Van zodra zij moeder werd, liet zij niet na haar kinderen[2] naar Gods huis te leiden en met hen aan de voet van het altaar neder te knielen; ook bezocht zij met hen verschillende arme mensen en kloosters. Steeds was het de oudste zoon, haar lieve Fernando, die het meest medelijden had met hen die lijden en zich tot de tempel des Heren aangetrokken voelde.

De heerlijke moors-gotische katedraal in de onmiddellijke nabijheid van het ouderlijk huis betoverde zeer vroeg de verbeelding van de knaap. Om haar daken en torens te zien ging hij aan het venster staan; moest hij de straat op dan kuierde hij in de schaduw van het grootse gebouw. Zodra hij aan moedershand het portaal doorwas, streelde het frisse en zachte halfduister van het groot schip zijn ziel zacht, die voor uitstortingen van de genade steeds openstond. Ontroerd ging hij vooruit en voelde rondom zich het grote mysterie van Gods aanwezigheid. Zijn moeder nodigde hem uit de verborgen God te groeten, die hoog te midden van goud en bloemen op het altaar verblijft. Eenvoudige gedachten vloeiden door zijn geest: zou de goede Jezus, op aarde gedaald om onder de mensen te wonen, hen lief te hebben en te troosten en nu zo alleen in Zijn gevang, zich niet vervelen ? Naarmate Fernando in jaren vorderde, nam hij zich meer en meer voor de Eenzame in het tabernakel dikwijls te bezoeken.

Hij vereerde ook graag de gemartelde diaken Sint- Vincentius, wiens relieken de Sé bewaarde: evenzeer bad hij voor het schilderij van Maria Ten-hemel-opname, wiens zin zijn moeder hem meermaals verklaarde, toen zij hem sprak over zijn geboorte op de dag waarop de Kerk haar triomfantelijke opname in de hemel herdenkt.

Hoe werd die jonge ziel, in beschouwingen van de Onbevlekte verdiept, tot reinheid aangetrokken ! Wellicht vertrouwde het kind zijn verlangen aan de Koningin der Engelen toe een engel te zijn; met hevige vurigheid des harten bad hij tot Haar, opdat Zij hem helpen zou zijn maagdelijke droom te verwezenlijken.

Langs de Taag lopen betoverende oevers; Lisboa zelf, in een der mooiste hoekjes van de wereld gebouwd, leunt aan tegen bebloemde terrassen en wordt bedwelmd door het hemelsblauw van uitspansel en baren; dit dagelijks te aanschouwen maakte op de snaak diepe indruk, te meer omdat hij voor alle uitingen van leven en schoonheid gevoelig was.

Een oude Duitse legende vertelt over een ridder die te Jeruzalem vroeg om in een toverspiegel de mooiste stad van Europa te zien, en onmiddellijk verscheen voor zijn verbaasde blik Lisboà de Grote zoals men toen zegde, de Koningin van de Oceaan.

Zo heerlijk was het klimaat van dit gelukkig hoekje, met zon overgoten en badend in frisse zeewinden, dat haar kinderen er opbloeiden in de vreugde van het leven.

De beweging op de Taag, bij hoge tij gezwollen, was belangwekkend om aanzien: nijverige werkzaamheid aan de haven, aankomst en vertrek van vissers, laden en lossen van schepen uit 't Oosten en Afrika, gewriemel van een geschakeerde menigte uit alle stammen, talen en kledijen, die allerlei ongekende vruchten, beesten en vogels meebracht, verhoogden zeer de spanning van de bewonderende toeschouwer.

Hoe dikwijls zal het gebeurd zijn dat Fernando met broeders en zusters in de stad op wandel, bleef stilstaan bij een schilderachtige groep, die verre streken opriep en in hem het heimwee naar ongekende landen zowel als de lust naar reizen en avonturen ontstak. Evenmin kon hij ongevoelig blijven voor de heerlijkheid van de baai van de Taag en van de veelvuldige heuvels en vlakten met zoveel bloemengeur en overrijke plantengroei.

Dit gezicht zal hem voorzeker getroffen hebben telkens hij genoot van de kalmte en de buitenlucht in een der eigendommen van zijn ouders rondom de stad, zoals domein Saint-Memmède, waarin lieve legenden ons de toekomstige mededinger van Sint-Franciscus van Assisi laten bezig zien met kleine vogeltjes tam te maken[3].

Zodra de jongen in staat was zich op studie ernstig toe te leggen, voerden zijn ouders het plan uit dat zij reeds lang te voren onder elkaar in het gezin besproken hadden : Fernando aan zijn oom Kanunnik de Bouillon toe te vertrouwen.

Deze liet zijn neef inschrijven in de school van de kathedraal, waar enige jongens door zijn zorgen onderwezen werden; priesters gaven er onderricht in menselijke en goddelijke wetenschappen.

Fernando trok het uniform van de kleine clerici aan en ging leven in de Sé, die hem al zo lang bekoorde.

Wellicht kan men zich voorstellen hoeveel geluk die verandering in het leven hem aanbracht. Voortaan zal hij zich toeleggen op dat, wat hem het meeste ten harte gaat: studeren, kinderspel voor zijn rijke geest en levendig verstand, nabij het altaar onder

Godgewijde mensenleven, zoete troost voor zijn godsvrucht op het bovennatuurlijke belust.

Bij oefenen van zijn stem bleek zij juist, trillend en van zuivere klank, geheel geschikt om onder de Liturgische oefeningen Gods lof te zingen.

Vrij spoedig en zonder veel inspanning was Fernando één der beste leerlingen in het latijn, de eerste zanger van het koor en de meest overtuigde en vurigste onder al die Eliacijns.

Nu nog wordt in de katedraal te Lisboa het beeld van de lieve Leviet in lang kleed en geplooide cotta vereerd. De jonge knaap met mooi smal en bruin gelaat, schitterende en sprekende blikken, - die terecht de patroon van onze koorknapen verdient te wezen - houdt kruis en lelie in de hand : pakkend symbool dat aan één der eerste overwinningen van de moedige Fernando herinnert.

De onreine geest had reeds vruchteloos gepoogd deze onschuldige bloem te besmeuren. Op zekere dag in de kerk zelf bracht hij onder de ogen van de scholieren een toneel dat er op stond hevige bekoring te verwekken, doch vol vertrouwen op God en als om Hem ter hulp te roepen, tekent hij met de vinger een klein kruis op de trap naar het koor : de duivel vlucht, de bekoring houdt op en het kruis, door de jongeling getekend, blijft in de steen gegrift.

Dit bewijst dat Fernando, hoe godvruchtig en braaf ook, toch verwoede aanvallen van driften doorstond en niet zonder moeite deugdzaam bleef.

Van nature uit was hij niet verlegen passief, slaapachtig. Levendig bloed, dat van afstammeling van de kruisvaarders, bruiste in zijn aderen. Men meende in hem meer krachtdadigheid dan zachtmoedigheid vast te stellen. Vol beweging en initiatief, evenzeer geneigd tot geestdrift als tot verontwaardiging, moest hij voor de leerlingen een menner worden zoals hij later een volksmenner zal zijn. Zijn sterke persoonlijkheid drong zich aan broeders, zusters en makkers op. Allicht verbeeldt men zich dat hij, zoals de geschiedenis over de jeugd van vele grote volksredenaars verhaalt, spreekt tot zijn schoolmakkers in een hoek van de patio, op de treden van de trap naar de sacristieën van de kathedraal, niet ver van het hok, waarin ter herinnering aan de gemartelde Vincentius, kraaien gevoed werden. Zijn blik schittert, woorden stromen uit zijn mond, natuurlijke gebaren, even krachtig als overtuigend, onderstrepen en beklemtonen de gang van zijn rede ; verbluft en gewonnen luistert het kinderlijk gehoor.

Wellicht woonde de kanunnik van uit een venster of van onder een nabij portaal dit toneeltje bij, kwam geruisloos nader en luisterde; verbaasd over de vloed van welsprekendheid, zonder kunst, recht op de man af, treffend en volgens het ritme van een wonderlijk trillende ziel, vroeg hij zich half verrukt en half ongerust af :

— Zulk kind kan geen gewone toekomst tegemoet gaan; zoveel uitzonderlijke gaven dreigen hoogmoed te voeden en heerszucht te verwekken. Zal hij aan Gods kant staan ? Zal hij de wereld verkiezen ?

III

De roepstem van God

Sinds vijf jaar behoorde Fernando tot de bisschoppelijke school, waarin hij met sukses latijn, grammatica, gregoriaanse zang leerde, waarschijnlijk ook rhetorica, dialectica en wetenschappen.

Vroege rijpheid van oordeel, lust tot leren, begaafd en wondergeheugen maakten hem tot een uitgelezen jongen, voor wie alle wegen openstonden, bekwaam in alles uitmuntend te zijn.

De tijd brak aan om een beslissing te nemen.

Zijn oom, de kanunnik, had zorgvuldig gewaakt over het kind, vol beloften voor de toekomst; hij koesterde de zoete hoop dat de knaap de geestelijke staat zou omhelzen, maar twijfelde toch.

Wel bezielden vurige godsvrucht, voorbeeldige deugd-beoefening en leergierigheid zijn neef en schenen hem naar het heiligdom te lokken, maar in het karakter van Fernando lag er iets, dat aan de scherpzinnigheid van de kanunnik ontsnapte en hem ietswat verontrustte. Men stelde immers in die jeugdige ziel dichtersdromen vast, reizigersweetlust, veroveringsambities met één woord, streven naar een leven dat het gewone overtreft.

Waren die nieuwe gedachten in hem opgerezen, toen hij langs de oevers van de Taag slenterde ? Inderdaad, daar roesemoesde schilderachtige beweging in de haven en lagen hopen uitheemse vruchten; koopvrouwen hadden het druk met op hun hoofd korven vol vis naar de verschillende wijken uit de stad te dragen, mensen van alle rassen warrelden in bonte wemeling bij aankomst en vertrek der boten dooreen : Syriërs, Egyptenaren, Grieken, Venitianen, Kretenzers, Negers uit Afrika, Turken en Moren.

Moren ! Niet lang geleden speelden die nog heer en meester in het land en meenden te Lisboa voor eeuwig en altijd hun stempel te drukken; een vijftigtal jaren terug lag de stad onder hun overheersing gebukt. Echter, graaf Alfonsus Henriquez, later eerste koning van Portugal, besloot in 1147 het Muzelmaans juk af te schudden. De belegering dreigde lang te duren en Alfonsus deed beroep op een leger Duitse, Engelse en Franse Kruisvaarders , op weg naar Palestina. Dankzij die versterking werd Lisboa in oktober ingenomen.

De oudste levensbeschrijvers van Sint-Antonius beweren dat één van de Franse kruisvaarders, aan Godfried de Bouillon verwant, het voorrecht ontving, zich met zijn makkers in het land te vestigen en een gezin te stichten. Die kruisvaarder, uit Frankrijk hierheen afgezakt, die moedig gevochten en de Moor verjaagd had, zou de grootvader van Fernando geweest zijn.

Het bloed van deze krijgers, soldaten van het Kruis, bestrijders van ongelovigen, vloeide in de aderen van de jongeling; als knaap hield hij niet op vragen te stellen aan zijn vader, moedig officier van Koning Alfonsus, over de Spaans-Portugese heldenfeiten uit de voorouderlijke strijd tegen de zonen van Mahomed.

Die levendige beeldvolle verhalen, ridderlijke heldendaden, roemrijke wapenfeiten bleven voorzeker in Fernando's geheugen voortleven en begoochelden hem zonder dat hij het vermoedde. Zou hij zich tevreden kunnen stellen met het streng en kalm leven van geleerde priester, die over zijn boeken of voor het altaar geknield zit ?

De jongeling zweeg, bad, dacht na. De dienst van God trok hem ten zeerste aan, doch hij was nog geen zestien jaar; hij wist dat hij rijk was, verstandig, met uiterlijke gaven en aantrekkelijke hoedanigheden versierd; hij leefde in een mooie en lachende stad, waar toeloop van vreemdelingen, veelvuldigheid van feesten en zachtheid van klimaat heel natuurlijk de jeugd tot gemakkelijk en wellustig leven aansporen.

Fernando, zowel als zijn makkers, voelde de aantrekkelijkheid van het plezierige leven, maar zijn gevormde geest wist ook dat bebloemde wegen dikwijls naar schuldig leven leiden en dat men vaak de moed niet bezit om bijtijds op zijn stappen terug te keren. Hij mistrouwde zichzelf, wilde tussen ziel en verleidingen van de wereld een sterke dam opwerpen en aan God zijn liefde betuigen met Hem tot zijn enig aandeel te verkiezen.

Spijts de menselijke verwachtingen die zij sinds lang op hun zoon bouwden, waren zijn ouders te grote christenen om zich tegen zijn roeping te verzetten; zij lieten hem vrij, hij mocht zijn wens vervullen en Fernando trad bij de Reguliere Kanunniken van Sint-Augustinus in.

Het klooster van Sint-Vincentius-buiten-de-muren[4] aangenaam op een heuvel gelegen, niet ver van de oude Muzelmaanse ringmuur, werd door Koning Alfonsus I van Portugal, na zijn overwinning op de Moren, gesticht om eeuwig gebeden te verzekeren tot lafenis van de zielen der helden gedurende de aanval op de stad gevallen.

De godsdienstige gemeenschap, die met onverholen vreugde de zoon van Martin de Bouillon ontving, nam de dienst in het koor en de last der zielen waar. In het bijzonder wijdde zij zich aan de studie toe, opdat haar leden geschikter zouden zijn om hun apostolische plichten en bij gelegenheid ook van hun pastoraal ambt te vervullen.

De nieuwaangekomene legde zich onverwijld op de Regel toe, wierp zich hals over kop op de weg naar de volmaaktheid en gaf vrije teugel aan zijn geweldige leergierigheid.

Hij trok het wit kleed aan, koorhemd en pels, maagdelijke livrei welke hem van de wereld scheidde; zeer ootmoedige en ijverige novice volbracht hij met aandoenlijke goede wil de minste diensten in de kloostergemeenschap zowel als de beoefening van het gebed en de moeilijkste werken van de geest.

Ouders, broeder en zusters kwamen hem meermaals in het klooster van Sint-Vincentius-buiten-de-muren bezoeken; vrienden leerden de weg erheen kennen; zij meenden - en handelden diensvolgens - hem hun oprechte genegenheid te bewijzen met te beproeven hem van dit opgesloten leven af te brengen, hij scheen immers geschapen om in de wereld te slagen en volkomen gelukkig te zijn.

Fernando antwoordde overwinnend op al de beweegredenen van zijn oud-makkers; die herhaalde aanvallen, echter, stoorden zijn kloosterlijke vrede en waren telkens nieuwe oorzaak van lijden; hij zuchtte voor God over de verkeerde ijver van zijn vroegere schoolmaten.

Het proefjaar loopt ten einde.

De lang gewenste dag, waarop de godsvruchtige jongeling zich bij gelofte kuisheid, armoede en gehoorzaamheid zal binden, breekt aan.

De zwarte koorpels van geprofesten verving op zijn schouders de witte pels van novicen; Fernando, onwederroepelijk God toebehorend, hoopt dat zijn vrienden hem nu in de ingetogenheid, arbeid en studie van het klooster met rust zullen laten.

Enigen bleven weg; anderen eerbiedigden zijn roeping, doch bleven hem bezoek brengen; bloed- en aanverwanten bewonderden hem, hadden hem meer dan ooit lief en verplichtten hem herhaaldelijk in de spreekkamer te vertoeven.

In zijn cel teruggekeerd, wier venster op de onmetelijkheid van uitspansel en hemelsblauw van de baren van de Taag uitgaf, viel de jongeling voor het kruisbeeld op zijn knieën.

— Ik behoor mij niet meer toe, Heer, kloeg hij, maar U. Mijn tijd behoort mij niet meer toe, maar is van U. Hoe kan ik met geheel mijn ziel bidden en studeren; wanneer ik tot bidstoel of werktafel terugkeer en de geest verstrooid voel door het gepraat in de spreekkamer, dat mijn ingetogenheid belet en mij met 't ijdel stof van de wereld belaadt ? Heer, aanzie mijn onrust en mijn angst. Verstrooiingen vallen mij in het koor aan; de dagelijkse taak, die ik mij opleg, blijft onafgewerkt, de tedere ontboezemingen van moeder en zusters laten mijn arm hart niet ongevoelig. Loop ik niet gevaar dat zij mij week zullen maken; ik wil niet half en half zijn. Ik zie het gevaar duidelijk in. Hoe eraan verhelpen ?

Nog een jaar verbleef Fernando in het klooster van Sint-Vincentius-buiten-de-muren.

Nadien, door God verlicht over de onthechtigen welke het steeds meer actief nastreven van de kloosterlijke volmaaktheid van hem eiste, ging hij op zekere avond voor de voeten van zijn prior Dom Pelagius, neerknielen, hem zijn bezwaren toevertrouwen en zijn genomen besluit mededelen.

— Vader, zolang ik hier nabij de poorten van Lisboa en de mijnen verblijf, zal ik me niet geheel aan mijn roeping en aan God kunnen overgeven. Laat mij vertrekken... Ik moet van hier weg...

De prior sprong op; hij hield er niet aan die jonge geprofeste te laten vertrekken, wiens wetenschap, vurigheid en deugd, gedurig in aanwinst, sinds twee jaar de opbouw en de hoop van het klooster was.

Fernando hernam met meer aandrang.

— Dit huis staat in gedurige verbinding met dat van de Reguliere Kanunniken te Coimbra. Daar zal ik dus broeders vinden, dezelfde verplichtingen en dezelfde Regel; sinds zolang bid ik tot God om licht en sterkte; Hij geeft mij de gedachte in, dit klooster te verlaten voor dat van het Heilig Kruis te Coimbra. Laat mij vertrekken...

— Ga, mijn zoon, antwoordde eindelijk de prior door de zielssterkte van de jonge kloosterling overwonnen.

IV

In de stilte en op studie

Coimbra, op een veertig mijlen ten Noorden van Lisboa, was toen zogezegd de hoofdplaats van Portugal. De koning en de prinsen uit het koninklijk huis hadden er hun verblijf opgeslagen en zullen het slechts in 1260 verlaten, wanneer de soevereinen zich op de oevers van de Taag vestigen.

In halfrond op een verhevenheid gebouwd, niet ver van de laatste glooiingen van de Serre de Lavrao beheerste deze stad de heerlijke vlakte door de Mondego besproeid. Belangrijk versterkt onder de Romeinen, werd zij achtereenvolgens veroverd door Gothen, Moren en Portugezen.

Het klooster van het Heilig-Kruis, geen honderd jaar oud, door pausen begunstigd, door vrijgevigheden van koning en groten uit het hof edelmoedig gesteund, telde toen vijfenzeventig kloosterlingen en strekte zijn jurisdictie over verschillende parochiën uit.

De eerste prior Sint-Teotonius[5], raadgever van Koning Alfonsus, vriend en briefwisselaar van de Heilige Bernardus, bestuurde het gedurende twintig jaar en drukte er de stempel van zijn sterke persoonlijkheid diep op. Men was er vurig en vol eerbied voor de Regel, de liefde en de onderhouden studie van de Heilige Schriftuur; men beschouwde die gemeenschap als de belangrijkste geestelijke haard van heel Portugal.

Fernando had zijn achttiende jaar niet voleindigd, hield onverzettelijk aan zijn besluit vast, verborg onder kalm uitzicht het geheim verscheuren van zijn hart en verliet Sint-Vincentius-buiten-de-muren, terzelfdertijd zijn geboortestad, waar zijn bedroefde familie vruchteloos tegen zulke wrede beslissing verzet aantekende.

Zijn faam ging hem naar het klooster te Coimbra vooraf. De Reguliere Kanunniken ontvingen hem op de meest broederlijke wijze.

Acht jaar zal hij onder hen verblijven: geheel zijn jongelingentijd.

Die stille jaren van vruchtbare arbeid zijn met een doek bedekt; hier ligt het verborgen leven van de jonge monnik die, zonder Gods vooruitzichten te vermoeden, in alle eenvoud door hard geesteswerk en onophoudend streven naar volmaaktheid, het openbaar leven van de grote prediker en van de verbazende wonderdoener voorbereidt.

In de loop van deze lange jaren van geduld en oefening staalt hij zijn ziel, vormt zijn geest, versiert zijn geheugen en smeedt de wapens voor de komende apostolische strijd.

Van het begin af door zijn nieuwe prior Dom Cesare naar een actievere voorbereiding tot het opdagend priesterschap geleid, valt hij met al de gloed van zijn geestdriftig en uitzonderlijk karakter op de studie van Wijsbegeerte en Godgeleerdheid, waarin uitstekende meesters als Dom Raymondus en Dom Juan, gegradueerden uit de hogeschool te Parijs les gaven.

In alles zeer stipt en steeds er op uit zijn aandacht niet aan duizend onbenulligheden te versnipperen - dat bevordert maar het dromen - wist hij zo doelmatig elk ogenblik van de dag te benuttigen dat hij nog tijd overhield om de wetenschappen van die tijd met inbegrip van de natuurlijke geschiedenis en de geneeskunde uit te diepen; liefst van al besteedde hij zijn uren aan het dagelijks lezen en bestuderen van de Heilige Boeken en de Kerkvaders, doch waakte er angstvallig over het verwijt van Isaïas niet te verdienen: « Wee u, die afdaalt naar het land van de Egyptenaren (dit is naar de wereldse wetenschappen) en Gods mond niet ondervraagt ».[6]

Uit het diepste van zijn ziel vereert de jonge student de Heilige Schrift, wier minste woorden geest en leven zijn; zij is werkelijk: Os Dei, Gods mond.

Met onverzadigbare begeerlijkheid ondervroeg hij die goddelijke mond, grifte liefderijk elk woord uit deze mond in zijn geheugen, herzegde en herhaalde ze om er al het sap uit te persen en allerlei allegorische en zedelijke beschouwingen uit te halen: dit laatste was toen schering en inslag om de zielen te leiden, sterken en troosten.

Later zal men de buitengewone uitgebreide Schrifluurkennis van onze Heilige roemen; hij verwierf die, zonder twijfel, gedurende de acht jaar noeste arbeid in Sint-Kruis te Coimbra. Steeds werkte hij, niet om zich met kennis hoogmoedig te verheffen, maar om beter zijn Meester te kennen. Hem meer te beminnen en beter voor Hem de harten der mensen te winnen.

Naarmate Fernando, ijverig bij, in zich de honig van Zijn leer opstapelde en zijn kundigheden vermeerderde, nam hij in de gestichte blikken van zijn medebroeders uit Coimbra in deugd en vurigheid toe.

Was het soms zijn naderende priesterwijding, die zijn liefde tot de Meester Jezus aldus ontbrandde ?

Het staat vast dat hij binst zijn verblijf te Sint-Kruis, hetzij in 1218 hetzij in 1220, tot priester gewijd werd; de geschiedenis heeft, jammer genoeg, noch datum noch bijzonderheden welke die dag omringden, opgetekend.

Was het de beloning van het offer dat hij zo edelmoedig gebracht had, toen hij vrijwillig Lisboa en de zijnen verliet ? Die kranige onthechting aan de te menigvuldige uitspattingen van familiegenegenheid had stellig voor deze meer sterke dan zachte natuur met uitzonderlijke genaden overstelpt en met de genoegens van de goddelijke intimiteit begunstigd, die tedere godsvrucht verdiend.

Men vertelt dat, op zekere morgen, door een eenvoudig huishoudelijk werk weerhouden en daardoor belet de kloostermis bij te wonen, hij van in de plaats waarin hij zich bevond, de klokjes uit de kerk de Consecratie hoorde bellen; hij knielt neer en van op afstand aanbidt hij God, op het altaar neergedaald. Zijn hart vliegt naar de Meester, die hij bemint en Die hem verplicht hedenmorgend ver van hem te blijven, met de armen in de richting van de kapel uitgestrekt en bitter lijdend, omdat hij van Jesus' Eucharistie beroofd is, drukt hij met luider stem zijn leed en verlangen uit.

Plots schuiven de muren van het klooster open, de jonge monnik ziet het heiligdom en voor het altaar de priester die de Heilige Hostie in een schittering van gouden licht opheft. De muren schuiven slechts na de vervoering van Fernando toe.

Vanaf die dag werd de Eucharistische godsvrucht van de jonge geprofeste zo groot dat als hij voor het Tabernakel aan het bidden was, zijn broeders in Christus een vurige engel meenden te aanschouwen; dit gezicht moedigde de vurigen aan en verwarmde de lauwen.

Een ander feit verhoogde de eerbied waarmede de kanunniken hem omringden.

Een monnik, door een eigenaardige ziekte gekweld, verschrikte de gemeenschap met zijn woest ijlen, bracht de geneesheren van streek en kon door geen enkele remedie geholpen worden. Op zijn beurt moet Fernando de zieke verzorgen. Na tot God aan het altaar gebeden te hebben, begaf hij zich naar de ziekenkamer en bij ingeving Gods verwierf hij de overtuiging dat de arme razende kloosterling door de duivel, enige oorzaak van de geheimzinnige kwaal, bezeten was. Hij bad, trok zijn koorpels af en bedekte ermee de schouders van de zieke, die onmid-

dellijk in schrikkelijke stuiptrekkingen viel: dit was de laatste opstand van de boze geest en... de monnik was genezen.

Na zijn priesterwijding verbaasde hij zijn omgeving door de eerste schitteringen van genie en heiligheid en scheen in de mening van de prior en van de oudere kanunniken bestemd om op waardige wijze de Kerk in de hoogste pastorale ambten te dienen.

Fernando, gekomen tot de volle kracht van zijn vijfentwintig jaar, scheen rotsvast in zijn roeping te staan en van niets anders te dromen dan tot aan zijn dood daarin te volharden.

Was hij gelukkig ? Kende zijn ziel vrede ? Werd hij het gevoelen van innerlijke zekerheid gewaar, dat aan de kloosterling, die zijn weg gevonden heeft, laat zeggen: « Ik weet dat ik ben, daar waar God mij wil ».

Men mag veronderstellen, voortgaande op de gebeurtenissen die volgen, dat die ziel met haar overgrote verlangens onduidelijk de reusachtige krachtinspanning voelde, welke God van haar verwachtte; in alle geval was zij niet voldaan.

De jonge voorbeschikte, die zozeer de Heilige Schrift gelezen en bestudeerd had en in staat haar uit het geheugen terug samen te stellen, wist beter dan wie ook dat wat het Evangelie verlangt van hen, die naar volmaaktheid streven.

Gedurig werd hij door het smachten naar iets hogers verslonden en was zoals zij, die, na het moeilijk beklimmen van een steile berg, menen dat zij niets verricht hebben, omdat zij voor hen een hogere top zien oprijzen.

Zo ver had Fernando het gebracht, toen de grote schok, die voor hem een nieuw leven inluidde, op hem aanstormde.

V

Pij en martelaarschap

Enkele jaren geleden in 1216, was de jonge kanunnik naar de afdeling der gasten van het klooster gezonden om er een hand uit te steken; toen werd hij zeer getroffen door vijf kloosterlingen, met stof bedekt, op blote voeten, met ontbloot hoofd, met hersteld kleed, grove pij, en om de lenden een koorden gordel; hun gezicht was kalm en vreugdig, zij kwamen net als andere bedelaars hun brood bedelen.

Zij waren de eerste Franciscanen, door hun nog levende stichter Sint Franciscus van Assisi, van uit Italië naar Portugal gezonden. Zij waren gelast zo spoedig mogelijk zich naar Marokko te begeven om er de Miramolijn of keizer van het land te ontmoeten en de Muzelmannen te bekeren. Zij schenen zich bewust te zijn van de bijna onoverwinnelijke moeilijkheden welke hen te wachten stonden, doch zij verklaarden ronduit - en ondertussen straalden zij van vreugde - dat zij hoopten bij de Moren de palm van het martelaarschap te verkrijgen, indien zij geen doopsels konden toedienen.

Zij heetten Berardo, Pietro, Ottone, Adjute en Accursio. Door de koninklijke familie gulhartig ontvangen, de zuster van de koning Dona Sancia, had hen bijzonder gunstig bejegend en hun te Alonquer een onderkomen verschaft; Koningin Uracca schonk enige tijd nadien aan een nieuwe groep Minderbroeders het klooster Sint-Antonius-van-Olivarès, nabij de poorten van Coimbra gelegen.

Fernando zag Berardo en gezellen herhaaldelijk terug en sprak verschillende malen met hen. De openbaring van het Franciscanerideaal schokte hem tot in het diepste der ziel.

Er bestond dus een kloosterorde zo onthecht van de goederen der aarde als de lelie des velds en de vogel des hemels, een orde van echte bedelaars zo belust op vernedering dat zij zich « kleine, Minder » noemden en het aandurfden de armoede van Hem die geen steen had om zijn hoofd erop te laten rusten, volledig na te leven.

Een weinig later vernam hij dat de Franciskanen, voornemens de ongelovigen, spijts alle mogelijke gevaren, het Evangelie te verkondigen, van hun vertrek naar Afrika komaf maakten. Na het vertrek van de zendelingen uit Portugal betrapte de jonge kanunnik zich op het opzijschuiven van de handschriften, het neerleggen van de pen en het dromen over die moedige missionarissen; hij vroeg zich af welk hun leven, werk, vermoeidheid, gevaren waren in dit verre land waar zij bitter weinig gelegenheid vonden om het goede zaad te strooien, doch wellicht zoveel te meer kans om hun bloed voor Christus te storten.

Zo verliep het hun inderdaad.

Zij waren uit Coimbra vertrokken en hielden eerst stil te Sevilla, nog in handen van de Muzelmannen. Door de emir buiten de stad gezet, trokken zij naar Marokko, waar zij over al de verboden van de Miramolijn heenstapten en te pas en te onpas het Geloof predikten. In het gevang geworpen en vreselijk gepijnigd, doch aan Christus tot in de dood getrouw, stierven zij in afgrijselijke folteringen.

Infant Don Pedro, broeder van de Koning van Portugal, verbleef toen in Marokko. Hij gelukte er in de lichamen van de vijf slachtoffers af te kopen en, niet zonder moeite, naar Spanje te vervoeren. Doch de koninklijke familie uit Portugal en de inwoners uit Coimbra eisten bij hoog en bij laag de overblijfsels van de geloofshelden op en lieten die naar hun stad overbrengen.

Het eenvoudig klooster Sint-Antonius-van-Olivarès, dat een nieuwe zwerm Minderbroeders was komen bewonen, scheen aangeduid om die relieken te bewaren; de koningin, echter, vond geen schrijn mooi genoeg om die heilige overschotten op deftige wijze te bevatten en oordeelde daarbij dat dit klooster er te ellendig uitzag om de lichamen van vijf martelaars te bezitten, en men besloot de hoogwaardige schat aan de Reguliere Kanunniken te Coimbra toe te vertrouwen.

Fernando woonde, ontroerd buiten zijn lood geslagen, de plechtige intrede van de eerbiedwaardige overblijfsels in het klooster bij; kostelijke schrijnen van grote waarde omsloten de relieken. In verbeelding herzag hij hoe, enige dagen tevoren, hij de deur van de gastenvleugel opentrok om die nederige bedelaars in pij binnen te laten die zich gereed maakten naar het martelaarschap als om naar een feest te gaan, hun edelmoedige liefde werd ruimschoots beloond: de kampvechters voor het Geloof hadden de goede strijd gestreden, door hun lijden de roemrijke palm veroverd en de hemel verdiend.

— Hoe gelukkig zijn zij ! dacht de jonge kloosterling. Met voor Hem te sterven onze liefde betuigen aan God. Die voor ons op het kruis gestorven is... Niets is schoner. Verheven bestemming ! Wat verricht ik hier in dit groot en te mooi huis, overgeleverd aan het werk maar ook aan het plezier van de studie; ik geniet van de vrijgevigheid van de koning en van de eerbied en de achting van het christelijk volk, terwijl anderen, die vijf anderen werkelijk arm leefden, de woede der groten en de uitjouwing van het volk trotseerden en folteringen verduurden om hun Heer en Meester te verkondigen...

Fernando kon zijn aandacht niet meer op verstandelijk werk vestigen; de zegepalm van de Franciscanen hield hem tijdens zijn slapeloze nachten onder zijn greep en bezette zijn geest onder de geestelijke oefeningen. Hij voelde dat hem in Sint-Kruis te Coimbra de gelegenheid niet zou geboden worden hem te verwerven, omdat zijn inziens het leven hier te gemakkelijk en te zoet verliep. En toch, was het niet vermetel van zijnentwege naar pij en martelaarschap te dingen zonder op voorhand te weten of hij lange tijd het arm en misprezen bestaan van Minderbroeder zou kunnen verdragen en de pijniging verduren ? Was het geen gevoelen van dwaze hoogmoed, dat hem, zo'n ellendig wezen, er toe leidde zulke hoogstaande eer te betrachten ? Het gelukte hem niet de roepstem van God te onderscheiden van hetgeen hij terecht vreesde te zijn inblazingen van de geest der duisternis; hij vroeg naar een teken en verkreeg het.

Op zekere dag voor het schrijn van de martelaars verscheen hem Sint Franciscus van Assisi[7], troostte, verlichtte en verklaarde hem dat God hem bij de Minderbroeders riep.

De jongeling aarzelde niet langer. Zonder dralen maakte hij de prior bekend, met zijn hevig verlangen naar het martelaar-

schap en met zijn wens Franciscaan te worden om bij gelegenheid zijn bloed voor Christus te vergieten.

De prior en de kanunniken uit Sint-Kruis hielden er niet aan
een lid van zulke waarde af te staan, doch Fernando vond zodanig krachtige beweegredenen om hen te overtuigen dat niemand
onder hen een beletsel durfde te stellen tegen deze nieuwe roeping, naar dewelke de Heilige Geest hem met onweerstaanbaar
rukken dreef.

De overgang van het ene klooster naar het andere gebeurde
zonder veel plichtplegingen, zoals het trouwens zonen van de
Poverello past. De betrekkingen, die de jonge geprofeste sinds
lang met de kleine Communiteit uit Olivarès onderhield, hadden
hem daar doen waarderen en beminnen.

Met begrijpelijke haast stonden de Minderbroeders de vraag
toe, welke hij hun overmaakte. Twee hunner begaven zich naar
Sint-Kruis om de postulant met de ruwe pij tot spijt van zijn
oud-medebroeders te bekleden; daarop verliet de nieuwe Franciscaan het klooster, waarin hij zoveel werkzame en vruchtbare
jaren had doorgebracht en volgde de paters naar hun klein huis
Sint-Antonius-van-Olivarès.

Hij verlangde een andere naam aan te nemen om des te beter
de verandering van leven te zinnebeelden; men koos voor hem
de naam « Antonius », die van de patroon van het klooster.

Fernando bestond niet meer, Antonius werd geboren en
schoot pijlsnel de nieuwe richting in.

Zeer geliefde Broeders - had de jonge kloosterling gezegd,
toen hij vroeg om onder de Franciscanen opgenomen te worden
- weet dat ik het kleed van uw Orde verlang aan te trekken om
zo spoedig mogelijk naar het land der Saracenen gezonden te
worden, want ik brand van verlangen om zoals uw martelaars,
mijn bloed te storten en zoals zij gekroond te worden.

Men oordeelde dat, na tien jaren kloosterleven, de jonge
broeder, wiens geleerdheid en deugd bekend stonden, uitmun-

tend godgeleerde en reeds tot de waardigheid van het priester-schap verheven, geen lange voorbereiding nodig had.

Nauwelijks had hij tijd om zijn koude en arme cel[8] tot een hemel op aarde te maken en zich in te wijden in de Regel en de gewoonten van de Serafijnse Orde, of reeds op het einde van de zomer 1220, willigden zijn oversten zijn wens in en stuurden hem naar de Moren om er het Evangelie te prediken; frater Filippino, evenzeer op het martelaarschap belust, zou hem gezelschap houden.

De eerste mars van de grote tocht eindigde te Lisboa, van waaruit af en toe boten naar Afrika afreisden.

Antonius zag zijn geboortestad terug, de baren van de Taag, Sint-Vincentius-buiten-de-muren, de oude kathedraal die de herinneringen aan zijn jeugd bewaarde en vooral het ouderlijk huis wiens bewoners, door zijn heldhaftig besluit verschrikt, hem door hun tederheid van zijn beslissing trachten af te trekken: verloren gepijnd.

Het uur van vertrekken sloeg te vlug naar de zin van zijn bedroefde familie; iedereen voelde dat men elkaar voor eeuwig vaarwel zegde.

Zij staan op de Santa Apolonia-kaai. Uitspansel en baren zijn blauw, zeilen worden gehesen, masten plooien onder de drukking van de zeewind, schuiten leggen aan, boten gaan onder zeil.

Zoals ten tijde van zijn kinderjaren zag de jonge missionaris hopen blinkend fruit, uitheemse vogels en dieren, netten met glinsterende vissen, gewoel van aankomende en vertrekkende lieden uit alle stammen en talen.

Hoe heeft hij vroeger hen benijd, die naar andere streken en andere landen togen en wellicht ook naar een enig mooi leven !...

Nu is het zijn beurt om aan boord te gaan, zich uit de armen van de tederste der moeders los te rukken, aan scheepsboord te leunen, nevens zijn gezel Filippino en beroep te doen op al zijn moed om tegenover het leed van zijn moeder zijn eigen tranen te weerhouden...

De boot glijdt voort, het vasteland verwijdert zich, het zoete vaderland verdwijnt uit het gezicht. De familie op de kaai wuift onophoudend met de hand; een gil, een moederkreet dringt nog tot de oren van de afvarende door:

— Fernando !... Mijn Fernando !...

Fernando echter leeft niet meer.

Broeder Antonius richt zich op, beschouwt monnikskleed en pij waarin zijn lichaam zit, denkt aan het heerlijk avontuur dat hem te wachten staat, duizend maal mooier dan dat van alle ridders en paladijnen, die zijn kinderverbeelding bevolken: het Geloof aan de ongelovigen prediken, zijn leven voor Christus geven, de hemel verwerven zoals de Franciscanen, wier mededinger hij droomt te zijn...

De boot vaart door de straten; de scherpe Atlantische lucht werpt haar zouten schuim op de lippen der reizigers. In de verte zinkt Lisboa in de gouden avondmist weg. Boven in de opkomende duisternis pinkt de eerste ster. Broeder Antonius heft zijn mager, bruin en helder gelaat naar die sterren op, die hem vriendelijk de nieuwe weg tonen en hem met haar hemelse straal verlichten.

Het vuur van heilige geestdrift gloeit in zijn vurige zwarte blik, straalt op zijn edel en fier gelaat, omkranst met de kloosterkroon; zijn longen zuigen de levenwekkende adem van de zee in.

Ga, zoon van kruisvaarders, trekker naar de ster, ga ! Gij zijt in zee gestoken, gij vaart naar de grote waters, nooit zult gij achterwaarts zien... *Duc in altum.*

VI

De in de aarde stervende graankorrel
en het licht op de kandelaar

Amper in Marokko ontscheept, had Broeder Antonius een reeks vernederingen en ontgoochelingen te doorstaan. Gelegenheden om uit haat voor Christus gefolterd te worden, schenen niet meer voor de hand te liggen; de Miramolijn, met verlamming geslagen, bekommerde zich niet meer om godsdienst en had opgehouden geloofspredikers te vervolgen.

De vurige missionaris rekende er op zo haast mogelijk de martelaarspalm te veroveren, maar ziekte velde hem neer.

Kwade koorts, kort na de aankomst opgedaan, kluisterde hem geheel de winter te bed. Droeve en zware tijd ! Broeder Filippino, nauwelijks achtien jaar oud, bleef niettegenstaande zijn klaarblijkelijke goede wil, een armzalig verpleger, zonder geldmiddelen, zonder hulp in een ellendig onderdak met onvoldoende bescherming tegen guurheid van het weder. Onder deze voorwaarden geraakte de zieke niet aan de beterhand, integendeel, zijn toestand verergerde van dag tot dag. Niet alleen kon hij noch zijn zending vervullen noch het Evangelie prediken, maar hinderde de werkzaamheid van zijn gezel met hem te verplichten zijn verzorging ter harte te nemen.

Broeder Filippino stelde voor terug te keren: Waartoe dient het in Marokko te blijven als men er niets goeds verricht en het klimaat zo geweldig ongunstig voor Broeder Antonius is ?

De zieke overwon de bekoringen tot ontmoediging, welke hem stormenderhand overvielen en spoorde tot geduld aan.

God, zei hij, vraagt van ons niet welgelukken maar krachtinspanning; onze pijnen en tranen zullen voor dit land de genade van bekering verdienen en redding verkrijgen. Daar waar wij niets maaien, zullen de missionarissen na ons, mooie oogsten inhalen. Wanneer mijn kwade koorts zal ophouden, zullen wij misschien er in gelukken enige zielen voor Christus te winnen.

De koorts verminderde niet, de zieke verzwakte en kwijnde zienderogen weg; de jonge Broeder Filippino meende naar zijn oversten te moeten schrijven om hun de toestand uit te leggen; deze antwoordden dat beide kloosterlingen terug naar Portugal moesten keren, zodra het hun mogelijk zou zijn de reis te ondernemen.

Toen de zieke in staat was recht te staan en zijn bevende benen enige kracht hadden bijgewonnen, maakten beide Broeders zich voor de tocht gereed, terwijl hun hart brak van spijt om het mislukken van hun onderneming.

Als stralende veroveraars aankomen, geloven dat reeds zielen met een ruk de hemel binnendringen en... vele maanden later het in de netten gevangen zitten, zijn bloed voor het Geloof storten, moeten aftrappen met lege handen en ijle netten, uitgeput niet door reuzenarbeid, maar gesloopt door kwade koorts... Welke val !

Nooit had Antonius zijn ellende en zijn nietigheid zo aangevoeld; als nutteloze dienaar, verliet hij Marokko de ziel met droefheid overgoten, ineengestort om vernedering met knaging.

Nochtans, een troostende gedachte waarop zijn strenge deugd nauwelijks durfde stil te houden, goot verkwikkende balsem op de ontgoochelde arme zieke, zeer zwak en aan koortsen ten prooi: bij bevel van zijn oversten zal hij naar het vaderland terugkeren; Lisboa terugzien, betekent zijn moeder terugzien.

Enkel bij de gedachte aan de vreugde, welke zijn terugkeer aan zijn tedere moeder zal veroorzaken, liep het bloed sneller in de aderen, hoop en leven herpakten zijn teneergeslagen hart en uitgeput lichaam.

De Voorzienigheid had er anders over beslist. Om veel vruchten af te werpen moet de graankorrel in de aarde vallen en sterven; aan die uitverkorene van zijn hart wilde God laten smaken het voedsel der sterken, het merg der leeuwen, het offer onder al zijn vormen.

Het was noch in Portugal noch in Spanje dat de twee Franciscanen landden; hun schip, speelbal van woeste storm, sloeg een andere richting in en strandde ergens op Sicilië.

De schipbreukelingen vonden een toevluchtsoord te Taormina, niet ver van Messina in een klooster van hun Orde, waar zij de paasdagen doorbrachten.

Dan beraadslaagden zij over de best te nemen oplossing en, terwijl zij zich afvroegen naar welke plaats het betaamde dat zij hun stappen richtten, vernamen zij dat een algemeen kapittel van de Franciscaanse Orde op Pinksterdag 30 mei 1221 zou plaatsgrijpen en dat alle Minderbroeders opgeroepen werden.

De Povellero was de minister-generaal van de Orde niet meer. Zijn ootmoedigheid had hem aangezet het bestuur van zoveel Broeders aan andere handen toe te vertrouwen, doch hij bleef de ziel van de grote Franciscaanse familie.

Onmiddellijk besloten Antonius en Filippino aan te sluiten bij de Siciliaanse Broeders om naar Umbrië te gaan; groot was hun verlangen Vader Franciscus, de Serafijnse patriarch te ontmoeten en zijn onderrichtingen te aanhoren.

Het was voor een jongen door langdurige ziekte ondermijnd geen kleine noch gemakkelijke reis, maar Antonius'sterk gestel fleurde zijn zwakke krachten vrij spoedig op.

Een schuit zette de kloosterlingen naar Italië over en van daar moesten zij te voet, hun brood langs de baan bedelen, en in vele en zware dagmarsen de beroemd geworden stad Assisi bereiken.

De vergadering vond in Onze-Lieve-Vrouw-ter-Engelen plaats.

Men was in de laatste dagen van mei; harmonische lijnen van blauwe bergen sluiten aan de horizon de zachte vlakten van Umbrië af; weiden, wijngaarden en olijfvelden volgden de machtige heerlijkheid van de zomer de bebloemde bekoorlijkheid van de lente op. De Minderbroeders, uit alle hoeken van Italië toegestroomd, kampeerden in Portioncula onder de blote hemel of onder kleine tenten uit takken; men had niet het minst gedacht aan voedselvoorziening voor de duizenden kloosterlingen; och, aftrekkende vogels beladen zich ook niet met mondvoorraad, en de Voorzienigheid schiep er behagen in overvloedig in hun onderhoud te voorzien[9].

Zeven maal per dag steeg uit de mond van al die Broeders Gods lof ten hemel op en de gezichten van die vrijwillige armen, zo beroofd van goederen als de zwaluw en de mus, straalden, geestelijk verrukt tot overgrote verwondering en benijding van de menigte.

Heilige vreugde verwarmde seffens het hart van de afgematte reiziger, die van zo verre kwam om deze grote Franciscaanse vergadering bij te wonen.

Met vermoeide trekken, vaal gezicht, brandend van magerheid, uitgeput door te veel ontberingen en vermoeidheden, scheen Antonius nauwelijks in staat recht op de benen te staan.

Het gezicht van Franciscus van Assisi schonk lichtende zoetheid van raadgevingen met uitgestorven stem gegeven, goot over deze gefolterde ziel dauw van vrede en liefde terzelfdertijd als plotse openbaring van de deugden teruggetrokkenheid en stilte.

De eerste beweging van Antonius was geweest voor de voeten van de Serafijnse Franciscus neer te vallen en hem aan het eerste ontmoeten van hun zielen te herinneren, toen de Poverello op wondere wijze in de Sint-Kruiskerk te Coimbra hem verscheen.

Hij beteugelde die natuurlijke opwelling en voelde plots dat hij geroepen was tot de loutere deugden onthechting en zelfvernietiging... hij zonderde zich ter zijde af en zweeg.

Neen, spijts hevig verlangen zou hij niet tot Franciskus van Assisi naderen, hem zijn hart openen: er bestaat nog een ander martelaarschap buiten dat van bloedvergieten; op deze stond vroeg God hem dit soort martelaarschap.

Ondertussen verliepen de dagen en het kapittel was afgewerkt.

Na het sturen van een nieuwe zending naar Duitsland werd elke provinciaal geroepen om aan een ondergeschikte zijn respektievelijke bestemming aan te duiden. De jonge Broeder Filippino, Antonius' lieve gezel, die later de gave van tranen en van vervoering zal ontvangen en een hogere graad van heiligheid bereiken, werd naar Citta del Castello gezonden.

De Broeders gingen heen en niemand had aan Antonius gedacht; deze smaakte het bitter genoegen vergeten te zijn, bleef zwijgen en liet het aan de Voorzienigheid over om zijn toekomst te regelen.

Daar ziet hij ineens een kloosterling voor hem staan, pater Gratianus, minister van de provincie Romagne, die er aan dacht dat hem een kapelaan ontbrak om in de omstreken van Forli een kleine kluis te bedienen.

— Zijt gij priester ? vroeg hij.

— Ik heb die eer, antwoordde de jonge kloosterling.

— Wilt gij mij naar Romagne volgen ? Ik heb een priester nodig om er dagelijks mis te lezen voor de Broeders in de bergen, waar zij een beschouwend leven leiden.

Antonius volgde Pater Gratianus.

Enige dagen later kwam hij in volle eenzaamheid in het nederig kloostertje van Monte Paolo aan, waar Broeders, in strengheid en vurigheid uitmuntend, zich in de golvingen van de berg kleine schuilplaatsen ingericht hadden, waarin zij zich met liefde terugtrokken om in het streven naar een kluizenaarsleven God beter te zoeken en te vinden.

De nieuwaangekomene, van zodra hij Franciscus van Assisi, in ootmoedigheid, naastenliefde en tedere liefde tot God verdiept, had horen spreken, voelde dat, wat aan zijn sterke heerszuchtige en vurige natuur ontbrak om het Serafijns ideaal volledig uit te werken. Ter navolging van de Eenzame uit Alverno, was hij gelukkig zich dikwijls in een grot nabij de bergtop te kunnen afzonderen om er de dag en soms ook de nacht in beschouwing en gebed door te brengen. Hij diepte er zijn ziel uit, verkreeg nieuw licht over de Heilige Schriftuur, door zijn wondergeheugen, voortdurend voor de geest opgeroepen. Eindelijk, stapelde hij in het gebed de geestelijke schatten op, welke zijn mond later kwistig over de menigte uit de christenheid moest verspreiden.

Niemand te Monte Paolo vermoedde het wonderwerk van heiligmaking dat in stilte naast zijn Broeders, die magere, jonge en zwakke jongeling verrichtte, die men onwetend achtte, ongeschikt voor elke belangrijke taak, hoogstens goed genoeg om aardappelen te schillen en schotels af te wassen, hetgeen hij, overigens, kort na zijn aankomst in het klooster als een gunst afgesmeekt had.

In de loop van de vasten 1222, negen maand later, werden enige Broeders uit Monte Paolo naar Forli gezonden, om er met enkele jonge Dominikanen tot priester gewijd te worden; Antonius vergezelde hen.

Gedurende de collatie in de eetzaal, voor de bisschop en al de paters en broeders samen vergaderd, vroeg men aan de gardiaan van Monte Paolo de gewoonlijke vermaning uit te spreken : hij verontschuldigde zich hoffelijk en wendde zich tot de zonen van Dominicus om die dienst te verstrekken. De predikheren verwachtten zich daaraan niet en weigerden, het niet aandurvend, ten overstaan van deze geleerde vergadering, in de Latijnse taal zonder degelijke voorbereiding te prediken.

De overste der Franciscanen, bij hoger ingeving, beval Antonius het woord te voeren.

Deze nederige onder de nederigen, door zijn omgeving aangezien als zonder geestesgaven en daarom zonder redenaarstalent, geraakte van zijn stuk en liet eerbiedig opmerken dat hij de gewoonte van prediken niet had.

— In naam van de heilige gehoorzaamheid, beval pater Gardiaan.

Antonius aarzelde niet meer, beklom de treden van de preekstoel, bad enkele stonden met gesloten ogen en gevouwen handen, koos de tekst die hij bij voorkeur lief had, dikwijls

overwogen, onderzocht en beleefd had, zocht naar de wijze om hem voor te stellen als een schone rijpe vrucht waaruit de afstekende en zoete smaak voor al die aandachtige toehoorders moest getrokken worden: « Christus factus est pro nobis obediens usque ad mortem, mortem autem crucis ».

Na blozend zwak begin werd zijn stem zekerder, hoger, mooier en zangering; de latijnse woorden vloeiden zonder moeite van de lippen van de jonge monnik; zijn slanke gestalte richtte zich op, zijn ogen ontvlamden, zijn edele en juiste gebaren beklemtooden zijn gedachten en verhoogden de overtuigende toon van zijn rede. De fijne geleerde vermoedde zich in het uiteenzetten van de gedachten en de harmonieuse welluidendheid van de zinnen, de knappe theoloog schuilde in de gesloten beredenering en het oordeelkundig gebruik van talrijke teksten uit de Heilige Schrift en de Vaders.

Het eten werd onderbroken; de jonge kloosterlingen dronken gulzig Antonius' woorden; bisschop, Dominicanen, Franciscaanse oversten konden hun oren niet geloven.

Het was een opzienwekkende openbaring; pater Gardiaan meer ontroerd dan opgetogen over de zorg waarmede die jonge vreemdeling tot nu toe ontwikkeling en uitzonderlijke gaven verborgen gehouden had, dacht bij zichzelf:

— Lang genoeg heeft dit licht onder de korenmaat gestaan. Wij zullen het op de kandelaar zetten.

De kloosters uit de omtrek waren spoedig ingelicht over hetgeen te Forli voorgevallen was; paters en broeders vertelden het aan al die het horen wilden :

— Zulk apostel mag te Monte Paolo niet blijven; hij behoort de zielen toe en zal de roem van zijn Orde worden.

Antonius trad een nieuw stadium, een andere fase in zijn wonderleven in. Bij bevel van zijn oversten verliet hij de woestenij, zijn vriend, om zich in het strijdperk te werpen, er te wroeten, er te kampen.

Gedurende verscheidene maanden predikt hij met bijval in verschillende steden uit Romagne, door de ketterij der Catharen besmet; dan wordt hij naar Verceil gezonden om er zijn theologische studies te volmaken onder leiding van de beroemde leraar Thomas Gallo, abt te Sint-Andries, komend uit het klooster Sint-Viktor te Parijs, als geleerde overal bekend[10].

Franciscus van Assisi, van de ontdekking der talenten van de Portugese broeder op de hoogte gebracht, oordeelde dat deze genoeg geleerd had, aan zijn broeders de verworven kennis moest mededelen en dat de Serafijnse school door deze eerste meester, zozeer met God verbonden, haar voor immer zou zegenen.

Hij zond Antonius als lesgever naar Bologna en gaf hem in deze woorden machtiging tot onderwijzen :

— Aan mijn zeer lieve broeder Antonius, broeder Franciskus, heil in Christus. Het behaagt mij dat gij onderwijs in de heilige Godgeleerdheid aan de Broeders geven zult, op voorwaarde dat zulkdanige studie noch in u noch in de anderen de geest van gebed, volgens de voorschriften van de Regel uitdove. Vaarwel.

Men kan zich verbeelden hoe de lessen door die jonge meester gegeven werden en welke invloed op zijn leerlingen de kloosterling uitoefende, wiens gebeden zo machtig waren dat zij echte wonderen - zegde men - verkregen.

Zijn ijver vond werkterrein buiten de muren van het klooster en spreidde er zich uit in vruchtbare prediking, welke de aanwezigen diep ontroerden en heel ver de naam van de jonge predikant ronddroegen.

De Serafijnse, die van op afstand met tedere genegenheid het stralend opkomen van die jonge ster uit zijn Orde volgde, vatte het denkbeeld op Antonius te zenden naar het land, dat de Poverello steeds zeer geliefd had, naar zijn zoete Frankrijk, vaderland van zijn moeder, van wie hij zijn naam gekregen had en dat op dit ogenblik door godsdienstige strijd verscheurd werd, waarvan de ketterij der Albigezen de oorzaak was.

Geen Franciscaan scheen in deze aartsmoeilijke zending zozeer te kunnen slagen als de nederige vurige Portugees, vol kennis en redenaarskunst die Franciscus te dien tijde vertrouwelijk « Mijn bisschop », broeder Antonius, Episcopus meus - placht te noemen.

Broeder Antonius ontving dus een verlofbrief voor Frankrijk.

VII

Op de wegen van Frankrijk

Elke zoon van Franciscus verneemt met vreugde de stem van de zending; met onverholen innerlijke vreugde hervatte Antonius de geliefde lange wegen te voet. Aldus, meende hij, zal ik beter dan in kloosters het ideaal van de Poverello : een echte bedelaar, die meer dan eens zonder brood in de knapzak 's avonds niet weet op welke steen hij zijn hoofd zal laten rusten, verwezenlijken.

Hoeveel bevredigende zoetheid het opnieuw-in-voeling-komen met de natuur van Noord-Italië en Zuid-Frankrijk, waar de reiziger zo'n menigvuldige verscheidenheid van schitterende en sierlijke landschappen te aanschouwen krijgt ! Hier zee en sneeuwbergen, watervallen en stortvloeden, ruwe scherpe verlaten rotsen en mysterie van wilde bossen, verderop bekoorlijkheid van vruchtbare valleien, welstellende dorpen op de oever der stromen, lachende gehuchten in wijngaarden en onder olijfbomen verspreid. Voor de zwijgzame voetganger, die er op let de schoonheid der dingen te ontdekken, vermenig-vuldigen de gelegenheden om de schepper te loven : bij elk nieuw uitzicht van de hemel en elke nieuwe gezichtseinder ontspringt loflied uit hart of lippen.

Zilveren morgennevels vergezellen hem op de baan; grijze en roze wolken lopen over de azure wegen en waken over hem; schitterende sterren verhelderen de zomernachten zo, dat men om hun bijna onwerkelijke schoonheid in een der voorzalen van de echte hemel meent te zijn, en verlichten de nachtelijke wandelaar.

Dichtkunst bloeit natuurlijkerwijze in de ziel van heiligen. Broeder Antonius ademde haar bij elke stap in, balsemde ermee zijn wezen zonder zich echter met innige wellust over te geven.

De karaktersterke missionaris trok verder, op zoek naar zielen door Christus afgekocht, wier losprijs door Zijn Bloed betaald werd, moeten aan smet of dwaling ontrukt worden, gezuiverd, bekeerd, gered.

Geheel zijn reis door had hij gepredikt in steden en dorpen, soms zelfs onderweg, bij het een of ander samentreffen, hij wierp zijn netten van mensenvisser uit over hen, die de Voorzienigheid hem liet ontmoeten.

Aan een klooster van Minderbroeders te Montpellier klopte hij aan en ontving er het bevel het ambt van leraar gedurende enige tijd waar te nemen en de theologie aan de jonge kloosterlingen te onderwijzen. Daar schreef hij zijn « Uitleg over de Psalmen », verrijkt met citaten uit de Heilige Schrift en de Vaders, kostbaar werk dat hem zeer nuttig zal zijn bij het voorbereiden van lessen en werken over het geloof. Een novice, belust op die wetenschappelijke schat en door de geest van het kwaad gedreven, stal het handschrift en vluchtte.

Antonius was de zin van zijn waken en moeite kwijt; het klooster verloor terzelfdertijd een van zijn zonen, die vluchtend als een dief, de Franciscaanse Orde wilde verlaten.

Schrikkelijk lijden om een ziel verloren te zien gaan; minder groot is het lijden, alhoewel het pijnlijk is, een kostelijk voorwerp of zelfs maar een waardeloos ding waarvan men houdt, kwijt te spelen... Waren die gevoelens niet die van Jezus zelf, toen hij aan zijn leerlingen over het verloren drachme vertelde of de apostelen op het hart drukte zorgvuldig de overblijvende kruimels van het vermenigvuldigde brood op te rapen, « opdat het niet verloren gaat ».

Bestaat er evenwel een middel om vruchteloos gezochte verloren voorwerpen terug te vinden ?... Het gebed ?...

Niemand kan bidden als Antonius, hij verdiept zich in gebed en weldra verschijnt de vluchteling, verlegen en berouwend; aan de voeten van zijn leraar diep ter aarde gebogen, geeft hij hem het handschrift terug dat hij zich onrechtvaardig toeëigende, smeekt om strenge straf en herneemt zijn plaats in het klooster.

Zo werd Antonius bij God, de advocaat van verloren voorwerpen[11].

Op korte tijd won hij de achting en de genegenheid van de broeders; hitst weldra hun godsvruchtige verering aan, de wonderdoener komt reeds boven.

Op zekere avond gaat hij, op de wijze van Franciscus van Assisi, aan de vijver de bende lawaai makende kikvorsen toespreken, omdat hun luidruchtig gekwaak dienst en gebed der Franciscanen storen. In riet en waterlelie luisteren de beestjes met spijtig gelaat naar de vermaningen van de jonge Heilige; voortaan zal de vijver stil en rustig liggen.

Op paasmorgen van het jaar 1224 werd Sint-Antonius aangeduid om graduale en Alleluja in het koor te zingen, maar op hetzelfde uur moet hij in de katedraal te Montpellier het woord voeren. Men zag hem op de predikstoel als naar gewoonte zijn gehoor, door de kracht van zijn betoog, rechtstreekse oproeping en meeslepende beweging van de rede in de ban houden. Plots, in het midden van het sermoen zwijgt hij, buigt het hoofd, sluit de ogen en haalt de kap neer. Op hetzelfde moment verschijnt hij onder de broeders in het klooster, zingt in het koor en verdwijnt; de redenaar in de kathedraal staat recht in de preekstoel, in extase, en met trillende stem eindigt hij zijn preek met in's Meesters naam zo hard op de deuren der zielen te kloppen dat deze, zonder meer tegenstand, voor Christus opengaan.

Welke soort welsprekendheid was die van Antonius, die na zoveel aantrekkingsmacht te Montpellier uitgeoefend, kort daarop te Toulouse het volk naar de plaatsen waar hij een rede hield, deed toestromen ?

Het was, zeggen zijn tijdgenoten, een vreemde wel-spre-
kendheid, nu zacht en zoet als honig, met de meeste dichterlijke,
zoetste beelden versierd, dan ontploffend als een donderslag om
de zondaars te verschrikken en doorheen te schudden, scherp
snijdend, driftig, onderbroken met hevige verontwaardigingen,
dringende uitnodigingen tot berouw en aangrijpende openbarin-
gen over de barmhartigheid en de oneindige goedheid van God.
Andere Sint-Bernardus, doch onbetwistbaar met vreemde oorspronkelijkheid drong hij de schuldigen tot in hun laatste ver-
sterkingen terug, laakte streng de lauwen, ontroerde en schudde
de gewetens met driftige kracht op. Bij die frisse bron waarin
de goeden zich laafden en die spuwende vuurberg, die de slechten met schrik sloeg, bleef geen toehoorder onverschillig. Men
mocht over hem zeggen dat wat Franciscus de Tabiano later over
Sint-Bonaventura zal neerpennen:

«Wanneer hij sprak, zweeg elke andere tong ».

Om zijn groeiende faam scheen hij de aangeduide persoonlijkheid om aan het hoofd van Broeders te staan. In september
1225 werd hem het ambt van overste of gardiaan van het klooster te Puy-en-Velay toevertrouwd. Door hen, die hem in het
Toulousaanse gekend hadden, betreurd, trok hij naar de bergen
in Midden-Frankrijk en hield onderweg niet op te prediken en
wonderen te verrichten.

De Franciscanen wensten zichzelf weldra geluk, omdat die
jonge Portugees die in zijn eigen persoon het volmaakte beeld
van overste, zoals Franciscus van Assisi het voorstelde, bewerk-
stelligde, hen bestuurde. Doch de ijver van de nieuwe gardiaan
stelde zich niet teveden om enkel in het klooster de verplichtingen van zijn ambt nauwgezet te vervullen; hij predikte buiten de
communauteit en maakte de minste schakering van dreigende
ketterij bekend; hij bulderde tegen de ondeugd, vormde de zielen
van goede wil en oefende hen in de praktijk van de meest verhe-
vene deugden.

Een gerucht liep door stad en naburige gemeenten :·

— Hij is een heilige ! Hij doet mirakelen !

Men vertelde dat zieken bij het aanraken van zijn pij genezen werden.

Een zinneloze had zijn rede teruggekregen eenvoudig na het aanraken van zijn koorden gordel.

Een vrouw, thuis weerhouden terwijl hij op een plechtigheid predikte, hoorde achter in haar huis heel klaar zijn uitgesproken woorden.

Hij voorspelde aan een moeder dat haar kind een mooie plaats in de hemel zal verwerven.

Met zeer diepe eerbied omringde hij een losbandige notaris, die deze houding voor kwetsend aanzag, erom woedend was, de kloosterling beledigde en hem met nadruk verzocht die belachelijke eerbiedwijzen te staken.

— Ik spot niet met u, antwoordde Antonius. Mijn oprechte mening is het u te eren; weet dat het zo moet zijn. De Heer heeft mij geopenbaard dat gij de palm van het martelaarschap tot Zijne eer en tot uw eigen geluk verwerven zult. Wist gij maar hoezeer ik naar die uitzonderlijke genade verzucht heb ! Helaas, ik werd niet waardig geacht van de zege, welke u voorbehouden is.

Enige tijd nadien, door de genade getroffen, deelde de notaris zijn goederen aan de armen uit, vertrok naar het heilig Land en vond er de gezegende gelegenheid om zijn bloed voor het geloof te storten.

Broeder Antonius bleef slechts weinig tijd te Puy-en-Velay.

Hij werd de predikant van het concilie te Bourges en in deze stad verkreeg zijn gebed het aandoenlijk wonder van de Eucharistie[12].

— Broeder, zegde tot hem op zekere dag ketter Guyard, tot heden toe heb ik geloochend dat God onder de gedaante van de hostie waarlijk en wezenlijk tegenwoordig is. De kracht van uw woorden brengen mij aan het wankelen en twijfel ontstaat in mijn hart. Doe enig schitterend wonder en, ik zweer het U, ik zal mij tot de katholieke godsdienst bekeren.

— Mijn geloof in Jezus-Christus is volledig, antwoordde de heilige met besliste zekerheid. Welk wonder verlangt gij ? In

mijn dienst staat een muilezel; ik zou willen dat het beest haver en hooi liet staan om voor de geconsacreerde hostie te knielen en aldus de waarheid van het mysterie dat gij voorhoudt te verkondigen.

Antonius nam de uitdaging aan.

De muilezel vastte drie dagen en nachten en werd dan naar de openbare plaats geleid, waar zijn meester hem een korf met hooi voorhield, terwijl de Franciscaan vooruit kwam en de heilige Hostie droeg. Onmiddellijk wendde het uitgehongerde dier de kop van het aanlokkend voedsel af, boog knieën en kop tot aan de grond en scheen het heilig Sacrament te aanbidden.

Guyard zweerde de dwaling af, werd vurig christen en liet een kerk bouwen, zo men beweert op de plaats zelf waar hij het mirakel van de muilezel bijgewoond had.

Van Bourges werd Antonius naar het kapittel te Arles gezonden, waar hij voor de verzamelde Broeders met brandende ijver over de gekruiste Jezus predikte. Terwijl hij de geestdriftige rede uitsprak, vertellen zijn levensbeschrijvers, verscheen hem Sint Franciscus van Assisi om hem aan te moedigen en te sterken, terwijl hij hem zijn glorierijke wondtekens toonde.

De paters van het kapittel te Arles hadden de redenaar gehoord en de kloosterling beoordeeld : zij benoemden hem tot opzichter (custos) van het gebied Limoges.

VIII

Nieuwe wonderen en zoete vervoeringen

AI sedert enige jaren waren de Minderbroeders te Limoges gevestigd; het volk heette hen « Menudets ».

De nieuwe opzichter stichtte het klooster omstreeks 1226 als eenvoudige afhankelijkheid van de Sint-Martinus abdij, bekommerde zich vaderlijk om het goed van de Broeders, behartigde de belangen van de Orde en gaf zich verder geheel en al aan prediking over.

Limousins gelijken niet bijster veel op de bevolking uit Zuid-Frankrijk. De grond is er niet rijk, de gezichtseinder beperkt, want nabije bergen snijden het vergezicht af; het klimaat is er scherper, de zon schittert er minder, er wordt niet zoveel van plezier en vermaak gehouden, de vreugde te leven stelt geen hoge eisen; de mensen zijn er diepdenkend, vlijtig, matig, spaarzaam.

In de eerste eeuwen van onze tijdrekening plantte Sint Martiaal hier het geloof stevig in de grond; zijn opvolgers lieten niet na de jonge plant aan sterkte, groei en bloei te doen winnen[13]: het Geloof zat er nog diep in toen Antonius er zijn vleugels uitsloeg. Eigenaardig mocht het wel genoemd worden dat de zondaars zich niet versteenden in het kwaad, om hun heil bekommerd waren, doch meestal de moed misten om met de zonde af te breken.

Sint-Antonius'vurig woord herinnerde aan de strenge waarheden van de kristelijke godsdienst, milderde geenszins hun draagwijdte, rukte de lauwe uit godsdienstig inslapen, keerde de slechten om en hitste de goeden op. Goddelijke adem gleed over de stad. Men drong en duwde rondom het spreekgestoelte, men huiverde bij het horen van de afgeronde zinnen die uit zijn mond spoten, men stootte en wrong na het sermoen omdat men zijn zonden wilde biechten en een levensregel ontvangen.

De meest versteenden, die wel graag naar zijn woorden luisterden, doch zich aan het kwaad bleven vastklampen, konden wel zijn pramen in de wind slaan, maar moesten tegenover de macht van zijn mirakelen zich voor overwonnen verklaren.

De Limousinse Annalen hebben de wonderen opgetekend, welke het meest de verbeelding met verwondering sloegen en door het grootste aantal getuigen bijgewoond werden.

Onder deze was een mirakel van bilocatie dat in de nacht van Witte Donderdag 1226 te Saint-Pierre-du-Queroix plaats vond. Op hetzelfde ogenblijk zag en hoorde een menigte gelovigen hem in de kerk prediken en zong hij een lezing uit de Metten in het koor van het klooster.

Op een andere dag was de toeloop van volk om naar de Franciskaan te luisteren, zo groot, dat geen enkele kerk die massa kon bevatten. Antonius trok er mee naar de hoogte; daar op een der zeven heuvelen - daardoor laat Limoges aan de Eeuwige Stad denken - lagen de puinen van een Romeins amphitheater, onder de naam « Creux des Arènes » bekend[14]. Het volk stond er opeengeplakt, de predikant begon, hij was nog niet in het midden van zijn sermoen, toen een schrikbarend onweder los-, brak: donder, bliksem, stortregen; de mensen wilden vluchten, de apostel stelde hen gerust.

— Vrees niet, loop niet weg, blijf het Woord Gods aanhoren.

Iedereen bleef, niemand leed onder de watervloed, de « Creux des Arènes » bleef droog, terwijl de omgeving overstroomd werd.

Een beetje later moest Antonius voor een massa volk prediken op de openbare plaats te Sint-Julien, grote gemeente uit de omstreken van Limoges; hij beklom een gestoelte in der haast opgetimmerd en zegde tot de aanwezigen :

— Ik weet dat de vijand ons gedurende het sermoen zal lastig vallen, doch vrees niet, hij zal geen kwaad kunnen.

Te midden van de prediking stortte het verhoog in, de predikant verdween onder de stukken, kroop onmiddellijk ongedeerd en stralend terug recht, zette het sermoen voort en haalde uit het voorgevallene nieuwe bewijsgronden om de zielen beter te treffen en te veroveren.

Broeder Pierre, jonge novice uit de streek Limoges werd schrikkelijk bekoord en ontmoedigd ; hij dacht er aan de Orde te verlaten en in de wereld terug te keren. Antonius ontbood de jonge kloosterling, blies op zijn mond en zegde :

— Ontvang de heilige Geest.

De jongeling overwon de bekoring en volhardde uiterst tevreden in de staat, welke hij met zoveel liefde omhelst had.

De heilige ontmaskerde de listen van de duivel, die met ijdele voorspiegelingen de aandacht van de kloosterlingen van het gebed wilde afleiden.

Op drie mijlen van Limoges ligt de abdij van Solignac in de diepte van een klein lief dal door een riviertje met zilver water, de Briance, besproeid; daar zuchtte een jonge Benedictijn onder de aanvallen van de onreine geest; Antonius liet hem toe een van zijn eigen gedragen klederen aan te trekken en verloste de jonge kloosterling.

Te Brive zond een liefdadige dame haar meid met overvloedige voorraad ajuin en andere groenten naar de kloosterlingen zonder hulpmiddelen; Antonius'gebed beschermde de meid tegen plassende regen.

Een kleine dorpeling viel in een ketel kokend water, terwijl zijn moeder naar het sermoen van Broeder Antonius luisterde. De heilige schonk aan de bedroefde moeder het levend lichaampje vrij van brandwonden terug.

Een weldoenster van de Franciscanen, die voor het arm klooster bedelde bleef te lang weg, werd bij hare thuiskomst door haar echtgenoot beledigd, met verwijten overladen en deer- lijk geslagen. De woedende man sleurde haar bij de haren en trok het grootste gedeelte ervan uit. 's Anderdaags lag de vrouw ziek van de opgelopen kneuzingen, haar man was afwezig en daarvan maakte zij gretig gebruik om de wonderdoener te laten komen; in een vlaag van kinderlijk vertrouwen riep zij bij zijn intreden uit:

— Pater, pater, als gij tot God bidden wilt, ben ik zeker dat ik mijn haar van vroeger terugkrijg.

— Hebt gij mij daarvoor laten roepen, antwoordde Antonius koud, en ging heen; de vrouw echter herkreeg haar overvloedig haar.

Een jonge moeder door de onweerstaanbare aantrek-kings- kracht van Antonius' woord meegevoerd, ging naar het sermoen luisteren en beging de onvoorzichtigheid haar zoontje alleen in zijn wieg achter te laten. Tijdens haar afwezigheid viel het kind in stuipen. Toen de moeder terugkeerde, lag het als dood. Anto- nius werd verwittigd en begon te bidden... het kind scheen uit een diepe slaap te ontwaken, zijn wangen kleurden en lachend strekte het de armpjes naar zijn moeder uit.

Zoveel wonderen Sloegen het volk met zulke bewondering dat van alle kanten uit de Limozaanse naar een klooster van Minderbroeders gevraagd werd en de stichtingen volgden elkaar snel op.

Het ambt van opzichter, hoger dan dit van gardiaan, bestaat in het besturen van een aantal kloosters. Antonius moest vaak van het één naar het andere trekken en zodoende dikwijls op tocht gaan.

Voorheen verbleef hij vooral in de bekoorlijke landouwen van het Zuiden, waar de zon de landschappen opvrolijkt maar ook verzengt en verbrandt; nu ontdekt hij met verrukking het frisgroene Limouzaanse, streek van nevel, vijvers, heuvelen en dalen, met wilde bossen bijna overal begroeid. Wolven en ever- zwijnen sluipen in de kastanjebosjes rond; zeldzame en slechte wegen lopen door de Landes, kreupelhout, bossen, getande varen en ravijnen waarin schuimende vlietjes kronkelen; op de hoogvlakte vergult de herfst de wouden en spreidt een tapijt van roze heibloemen uit.

Die bergachtige en beboste streek had sinds eeuwen weinig verandering ondergaan, scheen een ongerept stukje van het oude Gallië waar men lang haar droeg, met zijn granietstenen, levende fonteinen, reusachtige verlaten wouden tot aan de verre blauwe gezichtseinders bijna tot in het oneindige als schapenwol gekruld; het was er bij uitstek de streek van grote kluizenaars en heilige eremieten.

Vrij spoedig had Antonius dit land van stilte en frisheid lief, vooral 's zomers wanneer hij van het ene klooster naar het andere wandelt. Met ontroering gaat hij onder een ruisend windje eerbiedig als in een tempel het hoog gewelfd blader-dak in; de heerlijkheid van balsemende planten glijdt over zijn hoofd, een droomkatedraal schuift open, zijbeuken verzwinden in groen halfduister, ontelbare zuilenrijen herbergen levendige eekhoorntjes en nesten van zingende vogels.

De blote voeten van de pelgrim glijden over het fluwelen mos; zonnestralen sijpelen door de bladeren, verlichten het bos-gezicht met geheel de kleurenreeks groen en goud... Stilte !... Schoonheid !... Daar is God !... Sinds zijn afzondering te Mon-te-Paolo bloeide zijn hart niet meer zo volledig open. Hoe rustig zou hier de overste met kommer overladen, de apostel onder de verantwoordelijkheid der zielen bukkend een beetje kunnen ver-wijlen, een schuiloord in de golving van een rots of in de holte van een oude boomstronk opzoeken, aan niets anders denken als aan hemelse dingen, enkel tot engelen spreken; elk ogenblik in vertrouwelijke omgang met God. Zijn Heer en Meester leven; hij dringt bij bronnengemurmel en vogelen-gekweel dieper in het bos door en denkt aan de Heilige familie.

Tedere godsvrucht had hij steeds voor het Kindje Jezus onderhouden en nu voelt hij neiging om met de kleine zoete koning van zijn hart te praten; in al de bekoorlijkheid van zijn stralende kindsheid openbaart Het zich aan hem: de onzichtbare gast van zijn ziel maakt zich zichtbaar; te midden van varen, gouden bremstruiken en wilde dalenleliën van het geheimzinnige woud geknield, valt Antonius in vervoering.

Jezus bracht aan Zijn trouwe dienaar op het ogenblik van de rustperiode de vreugde van Zijn tegenwoordigheid.

Wat voor een kostelijk verhaal over de doortocht van onze Heilige te Châteauneuf-la-Fôret.

Op zekere avond na een lange dagmars komt Broeder Antonius aan het kasteel van een edelman, die de Minderbroeders zeer genegen is. Het slot staat midden in het bos, tussen Limoges en Eymoutiers. Heerlijk jachtterein ! Die avond had de kasteelheer vele genodigden op bezoek, waarschijnlijk naar aanleiding van een jachtmaal. Antonius werd eerbiedig en gulhartig ontvangen; men wijst hem de meest afgelegen kamer aan, opdat hij er kalm zou kunnen bidden, in vrede rusten en het lawaai van het feest hem niet zou storen.

Laat in de avond gaan de gasten heen; de heer van Châteauneuf-la-Fôret vergezelt hen tot aan de ringmuur en bemerkt onder het terugkeren naar de burcht, witte klaarte, die venster en muur van Antonius's kamer in volle licht zet... De maan staat niet aan de hemel !... Waaruit mag die mysterieuze helderheid voortspruiten ?

Nieuwsgierig wil de kastelein het fijne ervan weten. Op z'n tenen gaat hij naar de gang waarop de wonderlijk verlichte kamer uitgeeft. Ho ! de onbescheidene... Hij loert door het sleutelgat.

Antonius is geknield, zijn aangezicht brandt van liefde, hij houdt in de armen een kindje uitzonderlijk schoon, dat hem met stralingen overlaadt; 't Kindje Jezus verspreidt rondom maagdelijk licht en verschijnt aan Zijn lieve vriend.

Die hemelse visioenen verhoogden bij de kloosterling de afkeer voor de wereld en het verlangen naar het eeuwig geluk.

God bestemde hem nog voor nieuwe werken en voor het onderhouden en het voortzetten van grote ondernemingen, schonk aan zijn ziel, verzadigd van Zijn goddelijke aanwezigheid, een korte rust in een oase van afzondering en gebed. Die gezegende afzondering werd hem toegestaan, niet ver van het klooster te Brive, onlangs gesticht, in grotten door planten en wilde doornen ingepalmd.

Hij sliep er op blote steen, zijn vurige gebeden en strenge boete verdienden er ontelbare genaden, welke hij later over de zielen kwistig zal uitstorten; een stuk droog brood voedt hem en zijn dorst laaft hij met water uit de rots in holten door zijn hand gegraven, vergaard.

Daar kende hij de genoegens van de goddelijke gemeenzaamheid, werd er van verwoede aanvallen van de duivel door de Koningin der Engelen verlost en gered; een wondere reeks mirakelen bewerkte hij er in de loop der eeuwen.

De bedevaarder, die heden ten dage godvruchtig het klooster der Franciscanen, de School der Kleine Clerici en de bekende Sint-Antonius'grotten te Brive bezoekt, ondervraagt gaarne de goede Paters en wordt bij het verhaal over de wonderen waarvan deze zaken getuige waren, diep ontroerd.

Het woord van de Heilige Bonaventura, dat hen geciteerd wordt balsemt zijn ziel en dat woord draagt hij als kostelijke geestelijke ruiker mee naar huis:

Welke genaden en gunsten betaamt het dat men aan Sint-Antonius vragen ?

Alle, welke men zonder mirakel niet kan verkrijgen.

IX

Dwars door Italië

Franciscus van Assisi is gestorven.

Het nieuws bereikt de Minderbroeders uit Frankrijk; de opzichter van Limoges, met het hart vol droefheid bij de gedachte dat hij zijn lieve vader Franciscus op aarde niet meer zal weerzien, maakt aanstalten om naar Italië te reizen en er aan het algemeen kapittel deel te nemen, bijeengeroepen om de opvolger van de Serafijnse Patriarch te verkiezen.

In het begin van januari 1227 verliet hij Frankrijk en zal er niet meer terugkeren.

Een van de meest kinderlijke tafereeltjes uit deze reis speelde zich in een gemeente uit de Provence af. Antonius en zijn gezel vonden gastvrijheid bij een liefdadige en godvruchtige dame. Zuidelijke uitbundigheid en overvloed jubelden, omdat zij godsmensen, om hun talenten en deugden beroemd, herbergde, doch de goede vrouw vergat het kraantje van het vat toe te draaien toen zij in de kelder wijn getapt had; zij maakte het druk rond beide kloosterlingen en zette smakelijke gerechten op tafel. Een onbehendig gebaar van Antonius' reisgezel brak de kristallen karaf met wijn gevuld, een kostelijke vaas omwille van de omstandigheid bij een dienstwillige gebuurvrouw geleend. Bedroefd om de stukken, daalt de gastvrouw de kelder in en vindt de wijn uitgestroomd. Welk drama en welke ontroering in het klein provencaals huis ! Antonius tegen de tafel leunend, denkt aan de bruiloft van Cana en zegt tot zijn goddelijke Meester: « Die goede vrouw heeft geen wijn meer »... Het vat liep terug vol, de kristallen stukken schoven aaneen, de vaas herstelde.

De reizigers scheepten te Marseille in voor Sicilië, waar Antonius verschillende zaken voor de Orde moest afhandelen.

In een der kloosters waarin hij verplicht was te verblijven, hinderde een zware last de goede gang van zaken, veroorzaakte de kloosterlingen veel verlies aan tijd en vermeerdering van vermoeidheid: water ontbrak er.

— Graaf eens hier, zegt hun Antonius.

— Wij hebben het vruchteloos geprobeerd.

Graaf dieper, graaf nog.

Een heldere overvloedige bron ontsprong.

Weldra landde de Heilige in Italië en, bij bevel van zijn overste hield hij op zijn doorreis naar Assisi te Rome stil om bij de Heilige Vader aan te dringen voor het behoud in de Franciscaanse Regel van de algehele armoede, zoals Sint- Franciscus het voor zijn volgelingen gewild had.

De Paus ontving Antonius met vaderlijke goedheid en vroeg hem de Vasten in de Eeuwige Stad te preken. Honorius III beleefde de ongemene bijval van die Vastenstaties niet ten volle, hij stierf voor het einde van de Vastentijd. De gebeden van de Minderbroeder zullen stellig niet vreemd geweest zijn aan de snelle keus, waarbij het Heilig College Kardinaal Hugolinus tot Paus aanstelde; de nieuwe Paus, een persoonlijke vriend van Franciskus van Assisi,toegewijd beschermer van de Orde, koos als naam « Gregorius IX ».

Ondertussen, bekwam de Vasten, door Broeder Antonius gepredikt , merkwaardige bekeringen. Elke avond stroomde het volk rond de predikstoel van de grote opwekker der gewetens. Leden uit de meest beroemde gezinnen zaten er nevens vissers van de Tiber, en werklieden uit het Transtevere naast herders uit Sabinum: overweldigende bijval.

Gregorius IX vernam dit welgelukken, kreeg grote goesting om die gevierde volkspredikant te horen en verzocht de eenvoudige Minderbroeder voor hem en de Kardinalen het woord te voeren.

Ook Paus en Kardinalen geraakten onder de indruk van de overtuigende warmte van Antonius' redevoeringen en door zijn zo persoonlijke en zo eigen manier om Gods liefde en barmhartigheid aan de meest verstrooide en lauwe zielen te doen voelen: allen waren opgetogen over de vertrouwbaarheid van zijn wondere kennis van de Heilige Schrift.

— Die Broeder Antonius is groot voor God en de mensen, riep de Paus uit. Hij zal « Ark van het Testament en Goddelijke Bewaarder van de Heilige Schriftuur» geheten worden.

Het einde van de Vastenpreken was een triomf zonder weerga voor de Franciscaanse apostel. Bedevaarders uit alle natiën te Rome op Paasdag vergaderd, wilden het slotsermoen van de befaamde predikant bijwonen: men wist wel dat iedereen hem niet in zijn eigen taal zou begrijpen, maar iedereen wilde de Wonderdoener zien, doch mirakel dat te Rome diepe indruk maakte, iedereen hoorde Antonius in zijn eigen taal spreken.

De Heilige kloosterling ontsnapte aan toejuichingen en lofbetuigingen met naar Assisi te vertrekken.

Het Algemeen Kapittel had einde mei 1227 plaats; de vurige gebeden van de afgevaardigden uit al de provinciën verkregen van de hemel het voortzetten van het Serafijns ideaal bij de Minderbroeders.

Broeder Elissa muntte uit door organisatie en bestuursrecht en lange vertrouwelijke omgang met Franciscus van Assisi; hij scheen de aangeduide man om aan het hoofd van de Orde gesteld te worden; hij stond er echter op in de Regel verzachtingen aan de eerste strengheid van de Franciscaanse armoede in te voegen. Hij moest de eerste plaats afstaan aan Broeder Jan Parenti, vol ijver en wetenschap, algehele voorstander van de armoede « zonder opmerking ».

Deze keuze vervulde de hartewensen van Antonius.

Hij verliet het zoete Umbrië en zou zich ten volle aan de vreugde overgegeven hebben, indien een taak, zijns inziens heel zwaar, hem door de Broeders niet was opgelegd; hij was namelijk tot Provinciaal van Lombardije benoemd.

Zo werd hij in een uitgestrekt strijdperk geworpen: Cisalpijns Gallië, Venetië en Capriool, door de ketterij der Tartarijnen besmet, kregen er meer en meer aanhangers.

Geheel en al gaf hij zich aan zijn pastoraal ministerie over. Met onverminderde werkzaamheid trok hij van stad tot stad, hield toezicht over de kloosters, verkondigde overal het Woord Gods, viel met zijn gewone heiligheid de ketterij aan: dank zij zijn voorraad pakkende argumenten bracht hij haar zulke doelmatige slagen toe dat zij als vermorzeld neersmakte. Toen begon het volk de gewoonte aan te nemen aan de naam Antonius en nieuwe bijnaam te voegen: de Paus had hem geheten»Ark van het Testament », nu werd hij « Hamer der ketters ».

Hij sprak te Rimini, Ravenna, Treviso, Venetië. Kroniekschrijvers vertellen zelfs dat hij predikte te Triëst, Goritz, Duin waar hij over geen spreekgestoelte beschikte, in een boom kroop en van daaruit de menigte toesprak.

Ongelooflijke afstanden legde hij te voet af. « Zijn ijver maakte hem licht als een hert », zegde men.

Moeilijk zou het zijn hem stap voor stap op zijn apostolische reizen te volgen, zo menigvuldig komen zij in deze periode van zijn leven voor.

Het moge volstaan een tros nieuwe wonderen hier en daar met de gauwte te plukken; zijn heiligheid verrichtte er gedurig.

Op zekere dag - het gebeurde te Rimini - kwam een ketter bij de wonderdoener; de man had de gewoonte deeg in hostievorm als eten aan zijn ezel voor te smijten.

- Ik weet, zei hij, dat gij reeds een muilezel verplicht hebt in aanbidding voor een geconsacreerde hostie neer te knielen. Willen wij mijn ezel aan dezelfde proef onderwerpen; gij zult zien dat, verre van te aanbidden hetgeen gij Heilig Sacrament heet, mijn beest uw hostie zal opeten en aldus bewijzen dat uw fameuze hostie niets anders als brood is.

Antonius nam het voorstel aan. Op de gestelde dag werd de ketter zeer beschaamd. Het wonder van de muilezel herhaalde zich: in stee van vooruit te komen om de aangeboden hostie op te eten, knielde de ezel voor haar neer.

Aandoenlijker en dichterlijker was het wonder van de rede tot de vissen.

Spijst de ontzaglijke moeite waarmede Antonius het beproefde Rimini probeert te evangeliseren, bleef de stad met de ketterij bezoedeld, verachtte de beeldende monnik en weigerde zijn woorden te aanhoren. Met droefheid overstelpt, omdat al zijn bemoeiïngen zonder uitslag bleven, verliet de heilige de predikstoel van een bijna ledige kerk en trok naar de monding van de Marecchia en de oevers van de Arctische zee. Voor hem loopt de stroom en spoelt de zee beelden uit zijn kinderjaren, toen hij langs de Daag slenterde en scherpe zeelucht zijn wangen verzengde; het beeld van Lisbloem vliedt door zijn verbeelding, hij herleeft de beweging aan de haven,het vertrek van schepen, de terugkeer van schuiten vol spartelende vissen.

Franciscus van Assisi had aan de vogels gepredikt, Antonius zal de vissen oproepen.

— Vissen uit de zee en vissen uit de stroom, luistert naar mij.

Aan u zal ik Gods Woord verkondigen, vermits de ketters naar mij niet willen luisteren.

Bij het horen van die vreemde woorden, naderen de mensen op het strand, tot bij de Franciscaan om te zien wat er gebeuren zal. Anderen lopen de stad in om verwanten en vrienden te verwittigen dat Antonius van zin is een aardige gedachte te verwezenlijken; weldra krioelde het van volk.

— Vissen, mijn kleine broeders de vissen, herhaalde de Heilige, luister naar mij !

Wonderlijk schouwspel ! Het water beweegt, spat vissen zwemmen aan, de kop aan de oppervlakte, scharen zich volgens soorten, de kleine voorop, de grote achteraan; er kwamen er van overal uit stroom en zee, zo talrijk dat niemand vermocht ze te tellen.

— Vissen, mijn broeders, dank de Heer onze Schepper. Groot zijn de goederen waarmee de Heer u overladen heeft. Hij schonk u naar uw believen zoete en zoute waters. Zijn liefde heeft u ontelbare veilige plaatsen gereed gemaakt waarin gij schuilen kunt als de storm losbarst. Ook de Heer gaf u die waters, waarin gij rein en helder leeft en vindt hetgeen voor uw onderhoud

nodig is. Ten tijde van de schepping zegde u God: groeit en ver-
menigvuldigt u. Ten tijde van de zondvloed stierven alle dieren,
gij alleen behield het leven. De goddelijke goedheid schonk
u vinnen om te zwemmen waarheen gij wilt. Een uwer kreeg

als opdracht profeet Jonas te bewaren en hem drie dagen later behouden terug te geven. U was de eer weggelegd aan Jezus de cijns te schenken om de belasting te betalen. Gij werd uitverkoren om Jezus voor en na Zijne verrijzenis tot voedsel te dienen.

Vissen, ter herinnering aan zoveel weldaden, zegent God, die ze u schonk; meer dan enig ander schepsel zijt gij ertoe verplicht.

Tot dan toe schenen de vissen onbeweeglijk in eerbiedige houding te luisteren naar het sermoen van Broeder Antonius; bij deze laatste woorden, echter, bij deze uitnodiging om de Schepper te loven, richtten zij zich half uit het water op, openden de mond en bogen de kop.

Gezegend zij de Almachtige ! riep de Heilige uit. Vissen breng Hem hulde, vermits de ketters dat weigeren.

Vele harten waren geraakt. Meerdere mensen, sinds lang opstandig, vielen voor de voeten van de Wonderdoener neer, vroegen om uitleg over hun dwaling en het middel om de weg der waarheid te bewandelen.

Broeder Antonius zag een laatste maal op zijn kleine broeders, de vissen neer, zegende hen, zond hen door en vergezelde het volk naar de stad.

Toen was er in het water grote branding en beweging van vinnen; de kleine zilveren koppen bruin en hemelsblauw getint, met goud beglansd, doken onder; stroom en zee hernamen hun gladheid, overvloedige uitstorting van de goddelijke genade verlichtte de zielen.

Enige tijd later veinsden tegenstanders schijnheilige vriendschap, nodigden hem op een eetmaal uit en dienden hem vergiftigde spijzen toe.

Broeder Antonius verijdelde hun boos opzet, berispte hen streng, nuttigde het voedsel en ondervond niet het minste letsel.

Gemova, zowel als Rimini, was het toneel van vele wonderen. De Franciscanen bouwden er een eenvoudig klooster; een ossendrijver reed met zijn gerij voorbij, de kar was leeg, de zoon van de boer lag erin uitgestrekt, en was bij de stille stap der ossen ingesluimerd.

— Vriend, zegde de heilige tot de voerman. Mag ik u ootmoedig in Jezus' naam om een aalmoes vragen ? Ik verlang geen geld; maar wij hebben stenen nodig voor het klooster dat wij opbouwen.

Wilt gij ons een lading stenen bezorgen en vervoeren ?

De boer fronst de wenkbrauwen, zocht naar een uitvlucht:

— Mijn wagen is niet vrij, ik voer het lijk van die jongen daar naar het kerkhof.

— Het weze zoals gij zegt, antwoordde de kloosterling en vestigde een lange, doordringende blik op de man die loog.

De ossendrijver ging voort... draaide bij de kromming van de weg om, schoot in een luide lach en zegde tot zijn zoon:

— Wat denk gij ervan ? Heb ik mij niet schitterend van die bedelaar afgemaakt ?

De zoon antwoordde niet.

Hij lag dood in de wagen.

Vol schrik en spijt liep de ongelukkige vader naar Antonius, viel op zijn knieën, schreeuwde zijn droefheid uit en smeekte om vergiffenis en erbarmen...

— Uw hart was gesloten voor God en Zijn armen, merkte de heilige op. Ik wil geloven dat deze les u zal leren beter te worden.

En hij gaf de jongen levend aan zijn vader terug.

De miraculeuze feiten, verre van te verminderen, vermenigvuldigden meer dan ooit op de voetstappen van de Wonderdoener. Antonius bereikte het hoogste punt uit zijn leven.

Toen werd hij naar Padua gezonden.

X

De gave van God aan Padua

« Te dien tijde zond God een godvruchtig en heilig man van de Minderbroeders, Broeder Antonius met name, van op de grenzen van Hespen en de Westerlengten, dit is van het land van Gallicië, Sevilla en Lisboa naar Padua; hij stamde uit een edele en machtige familie. Vermaard door deugden en kennis der letteren, was hij de Ark van het Oude Testament en de Vorm van het Nieuwe, en, als ik de uitdrukking mag gebruiken, machtig in woorden en werken. Hij woonde lichamelijk bij zijn Broeders te Padua, doch zijn geest verbleef in de hemelse woningen ».

Met deze woorden herinnert kroniekschrijver Rolandino uit de XIIIe eeuw aan de aankomst van Antonius te Padua en schetste de lof van de Heilige, wiens verblijf in de stad er wondere invloed zal uitoefenen.

Padua was een der rijkste en mooiste steden uit de Marche de Treviso; vruchtbaarheid van grond, ontwikkeling van handel dank zij de werkzaamheid en bekwaamheid van verschillende Gilden, de nabijheid van Venetië, verzamelplaats van kunstenaars en handel met het Oosten, wiens stapelplaats alhier lag, vermeerderde elke dag haar faam en welvaart.

Studenten trokken in groot aantal naar haar jonge universiteit in 1222 gesticht. Woeligheid aan die ouderdom eigen, zachtheid van klimaat, schoonheid van landschap, overvloed aan goederen leidden de jeugd natuurlijk naar gehechtheid aan luxe en plezier. De minder begunstigden waren er nog het meest op uit om van feest tot feest te lopen en wilden er net als de anderen naar behoren schitteren. Achter een verleidelijke sierlijkheid knaagden twee kwalen aan het hartje van de stad: schulden en woeker. Om volledig te zijn dient hier bijgevoegt de gedurige bedreiging van de gesel uit die tijden van tweedracht en haat: de oorlog, steeds hangend tussen Verona, Gibelijnse stad in handen van Ezzelino de wreedaard en Padua, Welfse stad getrouw aan Paus en over-leveringen der vrijheid.

Toen Antonius hier aankwam, kende hij uit hetgeen hij ver-nomen had, de ondeugden van deze lieve gemeente, zachtjes in weelde en misbruik van welvaart vastgekluisterd.

Toch kwam hij met stralend hoofd, open hart en verwonderd tot haar, omdat hij voor die onbekende een niet te verklaren aan-trekking voelde.

Men had hem wijsgemaakt dat die rijke en plezante stad haar zinnen enkel scheen te zetten op het schudden en tellen van goudstukken en het rammelen met genotsbelletjes, maar in de grond een gevoelig trillende ziel bezat, waarin diep ingeworteld geloof levenskrachtig bleef smeulen.

Antonius wist dat het geloof sluimerde en dat God hem deze zending toevertrouwde het wakker te schudden en het mooi te laten schitteren; hij herinnerde zich de edele heldendaden van ridders, die zijn kinderjaren bekoorden en trad de stad binnen gelijk aan de paladijn gelast de slapende prinses waker te maken, de gevangen schone te bevrijden slavin van de duivel, in de boeien van de zonde geklonken.

Een zekere wijze van voorkennis liet hem de toekomst gun-stig inzien en daarom voelde hij veel voor Padua. Onmiddellijk ook hield Padua van hem. Tussen hem en de stad ontstond er vanaf de eerste dag een stroming van onweerstaanbare sympa-thie en hemelse aantrekking.

Reeds leefden enige Minderbroeders in de stad zonder er vaste woonst te bezitten; de nieuwe Provinciaal groepeerde hen rondom de Sint-Mariakerk in kleine gebouwen aan de cellen van de Portioncula sterk herinnerend.

Het kloosterlijk leven werd dra op stevige grondslag gevestigd en Antonius kon dan ook met zijn gekende ijver op veroveringstocht van zielen uitgaan.

De invloed van zijn woord op de lichtzinnige en toch gelovende en edelmoedige inwoners van Padua was werkelijk aanzienlijk.

Hij begon met in een kleine kerk het woord te voeren. De mensen die naar hem luisterden waren godvruchtige zielen die veel sermoenen bijwoonden en eronder dikwijls in slaap vielen; nu echter, bleven zij met opengesperde mond en oor wakker, keerden huiswaarts, zodanig door de rede van zulke ongekende kracht en vurigheid zo onderste boven gekeerd dat zij niet draalden het vreemde nieuws overal rond te dragen: « Er is een Minderbroeder aangekomen die predikt zoals wij nog nooit iemand hoorden prediken ».

Nieuwsgierigen snelden toe en werden op hun beurt gepakt: in de stad liep de mare als een lopend vuur rond, men praatte over niets anders als over de buitengewone en onweerstaanbare welsprekendheid van de Portugese Franciscaan.

Om het gehoor van Broeder Antonius onder te brengen moest men naar grotere kerken uitzien; er kwam zelfs een dag waarop geen enkele kerk uit Padua de menigte, die naar de Heilige wilde luisteren, kon bevatten en men trok naar uitgestrekte weiden uit de omgeving.

Aandoenlijke en schilderachtige tonelen uit die eeuwen van levendig geloof ! Toen het sermoen 's morgens gepredikt werd, kwamen de mensen lang voor het einde van de nacht met een lantaarn in de hand om zeker een goede plaats te vinden. Grote dames, gewoonlijk lui en houdend van korte voormiddagen en rijke sieraden stonden voor dag en dauw op, trokken donkere lange klederen aan en liepen naar het sermoen. Van uit het omliggende kwam men te voet, per ezel of opgehoopt in wagens. Kooplieden wilden eveneens het woord des levens opvangen, zo sloten hun winkels op het uur van de prediking.

Het volk deinde als veelkleurige zeegolven in de diepte van de weide; rondom, dicht bij uitgespannen wagens en vastgebonden ezels en paarden kropen jongelingen en vlugge knapen in bomen, zaten schrijlings op takken om beter te zien en te horen. Zij, die van ver kwamen, verorberen haastig een karig maal. Het gerucht van rinkelende bekers mengde zich bij dof geroezemoes van de menigte, geprevel van gebeden en refrein van godvruchtige gezangen.

Ineens wordt het stil, de aanwezigen roeren niet meer, de bruine pij van Broeder Antonius stijgt op een heuvel die tot verhoog dient, de predikant trekt de kap van het hoofd, verheft blik en handen ten hemel, begint te spreken. Staande boven het volk tekent elk gebaar zich op de azuren achtergrond scherp af; zijn klinkende stem dringt tot aan het uiteinde van de weide door en klimt ongemeen warm en pakkend door de lauwe en heldere lucht.

Alleen de engelen volgen haar vooruitgaan in de zielen en bewonderen verrukt het schouwspel.

Evenwel na het sermoen scheen er iets door van het geheimzinning wonder dat Gods woord door en Heilige uitgesproken, in het hart van de mens uitwerken.

Machtige brandingen werkten op het volk in. Antonius wilde zich terugtrekken, maar een dam mensen versperden de weg; hele groepen drongen rond hem, vielen op het gras voor zijn voeten; het waren boetvaardige zondaars, die hem smeekten de belijdennis van hun fouten af te nemen.

De slag was gewonnen; in de hitte van het gevecht vergat de Heilige niet in de zielen te kappen en te kerven. Hij verplichte de enen tot verzoening, de anderen tot teruggave van slecht verworven goed, dezen tot het vrijlaten van gevangenen om schulden, genen tot het omzetten van zondige rijkdom voortkomend van bedrog of woeker, in goede werken; men verzaakte aan slemperijen, men hield op met onmatigheid, men brak af met schuldige liefdesbetrekkingen, men maakte van zijn hart een steen.

Uit al deze en andere offers werd zo'n grote vrede geboren, dat de gezinnen in reinheid, heerlijkheid en vreugde hernieuwd werden en dat goddelijke dauw over de stad een lente van genaden en zoete deugden scheen te doen ontluiken.

— Broeder Antonius is het geschenk, de gave van God aan Padua, zegde het geestdriftig volk. Wij willen hem niet aan anderen afstaan, hij is onze eigendom.

De Heilige gaf zich inderdaad geheel en al aan zijn lieve Padua; hij vergat de stoffelijke werkelijkheid van het leven, zodra er sprake was een ziel te redden; zondaars, die in massa naar hem kwamen om hun geweten bloot te leggen, kon hij niet binnengaan, en het gebeurde dat hij bij zonsondergang nog nuchter was.

Zijn gezondheid verbeterde er niet op. Hij, de onvermoeibare voetganger, eertijds vlug en slank, werd abnormaal zwaar; waterzucht bedreigde hem; hij verdroeg moeizaam het gewicht van zijn lichaam; alhoewel nog betrekkelijk jong, onderging hij de greep van ziekelijkheden, welke slechts het aandeel van ouderlingen schijnen te zijn; hij dacht niet aan zichzelf en bleef moedig op de bres, volle-dag aan de drift naar zielen overgegeven, die hem tot aan de dood toe zou verteren.

Aldus ontsnapten weinig schuldigen aan de netten van deze onvergelijkbare visser en het aantal grote vissen was niet te tellen.

Deze nam een hypotheek op zijn goederen om onrecht-vaardigheid te herstellen; een jonge, mooie en rijke dame, driftig de vermakelijkheden der wereld najagend, verzaakte eraan en besloot tot intreden in een klooster.

Een boeteling viel eens voor Antonius' voeten neer, het hart verbrijzeld van berouw zodat het hem onmogelijk was zijn zonden te belijden.

— Ga uw zonden opschrijven en kom ze voorlezen, zei de Heilige.

Enige stonden later kwam de boeteling terug met een volge-schreven papier in de hand, knielde neer om met de lezing ervan te beginnen. Antonius neeg naar hem en zie, de letters verdwe-nen plots van het papier dat geheel wit en blank werd: treffend symbool van de gevolgen van een oprecht berouw: de zonden van de boetvaardige waren uitgevaagd.

Niet ver van Padua plunderde een bende struikrovers de reizi-gers op eenzame wegen; zij hoorden spreken over de wonderen van de Heilige en waren benieuwd om hem te zien en te horen. Het wonder dat zij vaststelden was de onverwachte bekering van de meesten onder hen. Antonius' vurige rede veranderde hun gemoed, zij biechtten hun schelmstukken en begonnen een nieuw leven.

Een jongeling beschuldigde zich in een vlaag van woede zijn moeder geschopt te hebben.

— Ho ! merkte Antonius op, die zijn leven lang een tedere liefde voor zijn moeder in het hart koesterde, ho ! ongelukkige jongen, de voet die zulks aandurfde, verdient afgehakt te worden.

De jongeling keerde huiswaarts en kapte zijn voet af. De wanhopige moeder liep naar de Heilige om hulp voor haar zoon; dank zij de gebeden van de Wonderdoener groeide de voet aan het been terug.

Kinderen met vallende ziekte werden bij de Provinciaal gebracht en herkregen de gezondheid; zieken keerden genezen terug.

Almachtig op Gods hart bracht de nederige Minderbroeder de vrede terug in gezinnen door aanhoudende twist gestoord, herstelde een jonge moeder in eer met een kind aan de borst te laten spreken, verloste van de dood een onberispelijke moeder, die haar man in een vlaag van jaloersheid wilde neersteken.

Antonius' krachten verzwakten. Spijst zijn verlangen alles voor allen te zijn, kon hij niet naar al de biechtelingen luisteren, die zich aanboden. De Franciscanen uit het Sint-Maria-klooster en de priesters uit Padua hielpen hem in zijn taak uit al hun macht en zagen zich eveneens door de grote toeloop zondaars overmand.

Goede christenen, begerig onder zijn leiding in het bovennatuurlijk leven vooruit te komen, kwamen de Heilige vinden en verklaarden zich bereid hem blindelings te volgen.

Hij nam hen in de Derde-Orde op, vergaderde met hen regelmatig in de kleine kerk van Maria-ter-Druiven even buiten de stad gelegen; wonderen van genade en van geestelijke vooruitgang werden volbracht in de rangen van de vurige Derde-Ordelingen, die de Padovers « *olumbini* » noemden.

Een bijzondere plaats dient voorbehouden aan de geestelijke dochter van Antonius, Helena Enselmini aan wie Franciscus van Assisi zelf het kleed van Clarisse schonk, toen zij nog een jong meisje was. Onder de leiding van onze Heilige, werd zij de mooie Serafijnse lelie welker geuren het klooster van Arcella vulden en waar Broeder Antonius bij toelating van de Voorzienigheid eens zou stilhouden om er te sterven.

Luk Belludi moet eveneens vermeld. Geleid door zijn geestelijke leider, verliet hij rijkdom en vermaak, verzaakte een schitterende toekomst hem door zijn familie weggelegd, begroef zijn jongelingsjaren onder de nederige pij van Minderbroeder, bereikte een hoge heiligheid en werd in de laatste levensjaren van Antonius zijn trouwste gezel, vertrouweling en steun.

Buiten het klooster telde de Wonderdoener vele verknochte vrienden en bereidvaardige zielen, onder wie Tiso de Campo Sampiero, die de kloosterling gaarne onder zijn dak ontving en wiens het gegeven werd, zoals aan de kasteelheer uit Châteauneuf-la-Fôret, op zekere avond de Heilige te verrassen in vertrouwelijke omgang met het Kindje Jezus, heerlijke gemeenzaamheid, welke de grootste schilders met al de toverkracht van hun wonder-penseel in de loop der eeuwen met behagen herhaaldelijk op doek zullen brengen.

XI

De reus versnelt de pas

Padua, zelfzuchtig en liefde-uitsluitend, wou beslag leggen op al de ogenblikken van Broeder Antonius, die de stad nooit zou mogen verlaten.

Het ambt van Provinciaal verplichtte hem evenwel buiten klooster en stad te verwijlen; apostolische reizen zijn steeds zeer vermoeiend en voor Antonius betekenden zij ondermijning van krachten.

Te Bologna gaf hij aan de Minderbroeders zijn « *Instructiones* » uit de Psalmen getrokken; te Ferrara en te Milaan waar hij Waldenzen en Catharen verwarde.

Te Varese bouwde hij een klooster, te Cremona bereidde hij een stichting voor en predikte te Bergamo, Brescia, Breno, Verona, Torino.

Bij bevel van zijn oversten hield hij te Firenze de Vastenpreken van 1229.

In de heerlijke Toscaanse stad ketende gehechtheid aan weldaad en vermaak de meeste niet-overtuigde christenen en verhinderde hen vrij naar de hemel te schouwen. Vele jonge afstammelingen uit oude families, vrienden van kunstwerken, schitterende feesten, pracht van klederen en glans van juwelen verkwistten onzinnig het ouderlijk erfdeel en moesten daarna, onbezorgd, geld lenen om, alhoewel verarmd, toch de stand te kunnen voeren. Geslepen zakenmensen, handelaars, bankiers maakten van alle gelegenheden gretig gebruik om op oneerlijke wijze zich spoedig te verrijken. Men sjacherde, speculeerde. Gesloten voor het begrip van hemelse goederen werden deze mensen, zonder ervan bewust te zijn, aanbidders van het gouden kalf.

Een rijke Firense woekeraar stierf en werd kerkelijk begraven. Antonius vond hierin aanleiding om één van zijn hevigste redevoeringen tegen gierigheid uit te spreken:

« Broeders, zei hij met een stem die in alle beuken krachtig weerklonk, weet dat daar, waar uw schat is, ook uw hart verblijft... De schat van elk schepsel is datgene, wat het grenzeloos liefheeft, het enige en bijzonderste voorwerp van zijn gedachten, verwachtingen en betrachtingen uitmaakt ».

Welnu, welk was de schat van de dode, die daar voor u ligt ? Voor geld heeft hij God vergeten, werd hardvochtig voor de armen en belust op onrechtvaardige en woekerachtige winsten. Hij, die gezegd heeft « Zalig de armen » en ons leert dat een rijke moeilijker het rijk der hemelen ingaat dan een kemel door het oog van een naald kruipt, heeft deze ongelukkige aan zijn schat overgelaten, aan zijn goud, aan de geldduivel, aan de hel. « *Mortuus est hic dives et sepultus est in inferno* ».

« Twijfelt gij aan de echtheid van mijn woord, christenen, mijn dierbare broeders ?... Ga dan, open zijn brandkist; gij zult er te midden van zijn slecht verworven goud het hart vinden van deze man, die geleefd heeft en God, zijn broeders en zijn eigen eeuwig heil, vergat... ».

Men moest aan de nieuwsgierigheid van de menigte toegeven. Het brandoffer werd opengetrokken : onder glinsterende edelgesteenten, zilveren en gouden stukken zag men het hart van de gierigaard kloppen.

Ontroering en schrik bevingen de meest versteende zondaars en de meest opstandige gewetens. Slechte rijken sloegen op de borst vol spijt, vielen aan de voeten neer van hem, aan wie niemand kon weerstaan. Firense, door de ijver en de welsprekendheid van de nederige Franciscaan vervoerd, wilde de verbazende Wonderdoener in haar midden behouden en noemde hem niet anders dan «Heilige Broeder ».

Door de vermoeienissen van het lange vasten uitgeput moest Antonius herbeginnen met in de Provincie ambstbezoeken af te leggen; te Padua keerde hij terug om er nieuwe en lastige arbeid opgehoopt te vinden. Bij zijn verpletterend apostolisch werk, moest hij, bij bevel, het opstellen van zijn « Sermoenen » voegen. Zijn oversten en zijn vrienden hoopten aldus die schatten van welsprekendheid te redden; doch de Heilige, bij gebrek aan tijd en vooral uit ootmoedigheid, stelde slechts vlugge schetsen op, bijna alle zonder ontwikkeling, droeve of lachende beelden, zinspelingen, aansporingen, met een woord ontdaan van geheel de reeks oratorische figuren, pittig sap dat aan de geringste prediking zoveel treffende oorspronkelijkheid leent.

De geschreven sermoenen van Sint-Antonius gelijken niet meer op de uitgesproken sermoenen dan de verdroogde bloemen uit een herbarium gelijken op de halfverflenste roos die onder warme zonnestraal schitterend openschuift.

De meer en meer wankelende gezondheid van de Heilige dwong tot groot ontzien een lange ongestoorde rust. De Padovers, begerig hem de toestand van hun ziel bloot te leggen, lieten hem noch rust noch tijd en eisten al zijn krachten voor henzelf op. En toch, het dient aangestipt, met hoeveel uitbundige genegenheid en ontroerende bewondering omringden zij de Vader van armen en kleinen, de bevrijder van gevangenen, de stichter van vrede in gewetens en gezinnen, degene die terecht de beschutting van de stad mocht genoemd worden !

Had hij niet enige maanden tevoren een schrikkelijke bedreiging van omsingeling, moord en uitplundering van Padua afgeweerd ?

Het lief toneeltje van Franciscus van Assisi tot de vogels predikend heeft meermaals de vergelijking doorstaan met dat van Antonius van Padua de vissen aansprekend. Een tegenhanger van de ontmoeting tussen Franciscus en de wolf te Gubbio ligt in deze tussen Antonius en tiran Ezzelino, de Wreedaard.

Die woeste Ghibellijn, beroemd krijgsman, voorzien van belangrijke leengoederen in het district Padua geschonken door de Duitse keizer wiens geducht werktuig hij was, gaf niets om goddelijke en menselijke wetten en sloeg met afgrijzen de plaatsen waarheen hij zijn benden voerde.

Men vernam dat hij op het punt stond naar Padua te marcheren om haar de gruwelijkheden van een strijd zonder genade op te dringen. De notabelen uit de stad namen hun toevlucht tot Antonius, bezwoeren hem dat hij zijn overredingstalenten ten bate van het gemenebest zou aanwenden met voor de dwingeland de belangen van de stad te bepleiten.

Moeilijke zaak, ogenschijnlijk niet te winnen ! Zij, die de heerszucht, begerigheid en koude wreedheid van de tegenstander kenden, aanzagen het voor vruchteloos pogen.

De Heilige aarzelde geen stond en trok onmiddellijk op Ezzelino af.

Tot schrikwekkende verbazing van zijn gezel en van de andere getuigen van die ontmoeting stelde Antonius zich niet aan als vreesachtig aanzoeker, wel als ongenadige beschuldiger:

« Vijand van Jezus-Christus, riep hij uit, wrede dwingeland, dolle hond, uw hoofd is met de vreselijke uitspraak van God bedreigd. Hoelang nog zult gij het bloed van onschuldigen vergieten ? De dag van uwe veroordeling nadert; uw straf zal verschrikkelijk zijn. Bekeer U, terwijl het nog tijd is. Laat Padua gerust en in vrede. Indien gij mijn woorden in de wind slaat, zult gij van wanhoop sterven en aan de mannen de herinnering laten aan eerloosheid, straf die enkel door uw eeuwige folteringen zal overtroffen worden ».

De soldaten in de zaal aanwezig, verbluft bij zulke onversaagde moed, dachten dat zij hun meester plots zouden horen uitvliegen en de doodstraf over de overmoedige Franciscaan uitspreken.

Ezzelino werd paars en blauw. Het gezicht van de kloosterling scheen omkranst met goddelijk licht en zo groot was zijn schrik dat hij meende in de hel neer te storten.

Hij haakte zijn gordel los, legde die om zijn hals tot teken van boete, viel op de knieën, bekende zijn fouten en beloofde deze te herstellen.

Dit bliksemsnel berouw was kortstondig. Later luisterde de tiran opnieuw naar slechte raadgevers en ging voort met de gesel van het land te zijn. Het gezicht en de woorden van Antonius lieten toch in hem onuitwisbare indruk na ; zolang de Heilige leefde beproefde Ezzelino niets tegen Padua.

Het is soms gemakkelijker een wild beest te temmen dan uit het hart van mensen, zelfs wanneer zij de wereld verzaakt hebben, de laatste wortelen uit te roeien van het slecht gras dat na afsnijden terug opschiet.

Antonius was sinds drie jaar provinciaal toen hij ambtshalve naar Assisi moest ter gelegenheid van het overbrengen van Sint-Franciscus'relieken en het Algemeen Kapittel dat de reeks feesten sluiten zou.

Hij smaakte het genoegen zich in de wieg van de Orde te bevinden, en te aanschouwen het halfafgewerkt wonder heiligdom, in wiens crypte in aanwezigheid van toegestroomde massa's mensen van drie pauselijke legaten en van tweeduizend Minderbroeders, de eerbiedwaardige overblijfsels van de Serafijnse Patriarch overgebracht werden.

Doch, de magistraten uit Assisi vreesden voor het weghalen van die kostelijke relieken en stookten kwaad vuur; de bewonderenswaardige plechtigheid begon in vreugdige stemming en eindigde in wanorde en geweld.

Nog een andere droefheid vervulde het hart van Antonius gedurende het Algemeen Kapittel.

Broeder Elias en partijgenoten beproefden opnieuw de primitieve Regel te ondermijnen met bij de Minderbroeders het gebruik van renten en onroerende goederen in te voegen.

Broeder Antonius en zijn vriend Broeder Adam de Marisco verdedigden met klem de leer van Franciscus, deze van de volledige armoede. De strijd was hevig; Antonius'voortvarende welsprekendheid beheerst de vergadering, die besloot de zaak bij de Heilige Stoel aanhangig te maken.

Antonius werd onder de afgevaardigden gekozen, ook Broeder Elias. Een beetje later te Rome, vernietigde zijn overtuigend woord de argumenten van de tegenpartij en zijn these won het pleit bij Gregorius IX.

Zoveel werkinspanning en strijd overtroffen de lichamelijke krachten van Antonius; de klaarblijkelijke verandering van zijn gezondheidstoestand: zijn groeiende ziekelijkheid alarmeerden zijn oversten. Hij bekwam tot zijn overgrote vreugde ontlasting van het provinciaalschap om zich enkel en alleen aan prediking en zielsbegeleiding te wijden, doch eerst legde men hem rust op.

De enige ware rust voor elk hart, zeer verliefd op Christus, is de wet van de liefde te volgen, de wereld te vluchten en in de kalmte van een gelukkige afzondering geheel aan de Geliefde toe te behoren.

Zoals Jezus in de avonden van drukke arbeidsdagen uit Zijn openbaar leven, trok Antonius naar de bergen.

XII

Serafijnse vleugels

Ons echte vaderland is hierboven. Ernaar opstijgen is zich van de aardse dingen losmaken, deze naar waarde - en die is gering - schatten, zuiverder lucht inademen, lage valleien in nevel versmoord uit het gezicht verliezen, onzichtbare werkelijkheden die trapsgewijze zich onthullen, benaderen.

Antonius rustte uit op de hoogte van de Alvernoberg « Franciscus' berg » waar Sint Franciscus van Assisi na zoveel andere genaden de stigmata ontving en waar later de Heilige Bonaventura zijn heerlijke « Wegwijzer van de ziel naar God » schrijven zal.

Hoe stil, hoe vredig is het in de eenvoudige kluis tegen scherpe rotsen gepakt, boven afgronden hangend, van waar het gezicht over heuvelen en dalen zich tot in de verre verte, waar de zee blauwt, uitstrekt.

Antonius kon met welbehagen de mythische geuren opsnuiven, waarmede de Serafijnse Franciscus deze eenzaamheid gebalsemd had.

Door ziekte geknakt, door te veel vermoeienissen en arbeid uitgeput, ontwaarde hij reeds de veilige haven en zijn verlangens renden naar het gelukzalig vaderland.

Verlaat alles en ge zult alles vinden. Werp ballast uit en gij springt in de hemel. Broeder Antonius, geheel onthecht aan wereldse zaken, als een duif in holten van de rots teruggetrokken om beter zijn Teergeliefde te bezitten, voelde dat vleugels groeiden.

Niettegenstaande wetenschap, talenten en droeve ervaring over menselijke zwakheid en ijdelheid van de wereld in de loop van zijn vruchtbaar leven opgedaan, vond zijn zeer eenvoudige en reine ziel de kinderlijke eenvoudigheid terug. De heerlijke onschuld van deze Franciscaanse dichterlijkheid, die elke bladzijde van de Fioretti overstroomt, borrelde als bruisend lentesap in hem op. Bomen, bloemen, insecten, vogels, regenboog, waterval zongen hun lied.

Niet ver van de bron, welke door de rots graaft, op deze Alvernoberg, waar zijn te korte afzondering hem zo zoet was, verdiepte en vermeide zich zijn ziel in beschouwing, boetvaardigheid, dankzegging en liefde-samenspraken.

Toen hij deze vrede-oase verliet om opnieuw in het strijdperk te treden, ontbrak er weinig aan de innerlijke versiering van hem, die de dood voelde naderen en voor het bruiloftsmaal gereed wilde zijn.

Dit weinige zal hij snel bijwerken door nieuwe arbeid, uitputtende vermoeidheid, algehele zelfverloochening en vurige ijver, die de menselijke mogelijkheden ten zeerste overtreffen.

Hij keerde naar Padua terug; de bevolking ontving hem met opgewonden geestdrift, zonder tijd of krachten te meten gaf hij zich totaal aan allen en aan eenieder in 't bijzonder.

Kiese voorkomendheid van de Voorzienigheid ! Het is in dit tijdperk van zijn leven - aldus bewezen verschillende schrijvers dat zijn ziel zo volledig van al het geschapene afgekeerd en geheel op het hemelse vaderland gericht, gelegenheid kreeg om zijn aards vaderland en tevens zijn geliefde familie weer te zien.

Tot tweemaal toe werd hij op wondere wijze naar de zijnen vervoerd, had de troost zijn vader, door laffe lastertaal beschuldigd, in zijn eer te helpen verdedigen. Hij zag zijn moeder terug, moedigde al zijn verwanten aan tot beoefening van de hoogste deugden en...zijn engel voerde hem naar Padua terug.

De stad wachtte ongeduldig op de Vasten 1231, waaronder hij aangenomen had te prediken; hij zou er zijn zwanezang aanheffen.

Nooit was zijn woord boeiender, nooit had zijn heiligheid zo'n uitstraling.

Het succes overtrof zodanig al de verwachtingen, dat de woedende duivel het beproefde de stijgende stroom bekeringen tegen te houden met op zekere nacht te wagen de bekende beheerder in zijn slaap te wurgen.

Losbandigen braken met slechte gewoonten af, wereld-gezinnen trokken boeteklederen aan; struikrovers, gekomen om gelovigen onder het sermoen te plunderen, keerden berouwend en vrijgesproken terug.

Hoe zou men aan de dringende oproep van een apostel, wiens hart van vuur is, kunnen weerstaan ?

« O zondaar, riep hij uit, zelfs wanneer gij gans uw lichaam in zonde verteerd hebt, wanhoop niet. Het volstaat, als er maar één enkele snik in de diepte van uw ziel achterblijft, dat gij over uw fouten spijt wilt hebben. Een dag is voor de Heer als duizend jaren. God zal u vergiffenis schenken; die vergiffenis biedt Hij u aan en bereidt u voor, alsof gij gedurende duizend jaar de deugd zoudt beoefend hebben ».[15]

De verering der Padovers voor Antonius nam zodanig toe, dat velen tot bij hem drongen om zijn koorden gordel of ruwe pij aan te raken. Vrouwen sneden met een schaar stukken uit zijn kleed en bewaarden die als heilige relieken. Vruchteloos trokken zijn vrienden strenge wacht rondom hem op en trachtten lastige mensen te verwijderen. Bij de terugkeer in het klooster zijn verscheurd kleed ziende, had Antonius telkens nieuwe gelegenheden om in zijn liefde voor de heilige armoede en voor de deugden nederigheid en teruggetrokkenheid te lijden.

Toen de Paasdagen aanbraken, bood Antonius een onvergelijkbare oogst aan God aan. Met zulke verslindende ijver, minachting voor zinnelijkheid en vermoeienis had hij zich van zijn taak gekweten, dat hij voelde weldra 't einde krachten te zijn.

Lente bedekte velden en weiden met groen en bloemen.

De Italiaanse grond straalde opnieuw onder het warme licht van de zon en bloeide in uitbundige dolheid van sap en geuren open. Gedurende een van deze schitterende dagen had Antonius de openbaring van zijn aanstaande vertrek naar het ander, het echte leven: nog enige weken scheidden hem van 13 juni, datum door de Voorzienigheid vastgesteld voor zijn geboorte in het Hemels Vaderland.

Lichamelijke uitputting verbood elke arbeid; hij dacht aan niets anders meer als aan de beste voorbereiding op het ontroerend bezoek van zijn broeder de dood.

Een zuivere Franciscaanse zoetheid waart om het verhaal van zijn laatste dagen.

De stervende Serafijnse Franciscus had zich op de weg naar Assisi laten dragen om nog eenmaal zijn dierbare stad te kunnen zegenen. Antonius, door een trouw gezel ondersteund, richt zijn schreden naar een heuvel die Padua beheerst; hij bewondert de mooie ligging van de stad, welke hij evenveel als zijn eigen vaderstad heeft liefgehad, en aan wier belangen hij alles, maar alles tot zelfs zijn dood gewijd heeft. Hij voorspelt dat weldra een grote eer haar aandeel zal worden. Scheurt God zijn blik die zo dikwijls het onzichtbare gezien heeft, het doek dat de toekomst bedekt, open ? Verneemt hij de verzuchtingen van geheel een volk bij de aankondiging van zijn dood ? Vermoedt hij iets van de triomfantelijke uitvaart ? Ontwaart hij de koepels en de klokkentorens die de ruimte inschieten en de basiliek bekronen, welke boven zijn graf zal gebouwd worden, zijn naam zal dragen en door de komende geslachten liefst « Il Santo » zal geheten worden, alsof er te Padua maar één Heilige te vereren en te beminnen is ?

Hij komt tot de werkelijkheid terug, gaat zijn klooster binnen... Het dierbare Padova's volk kan niet geloven dat deze kloosterling, nog geen zesendertig jaren oud, door ongeneeslijke kwaal aangetast is en dat zijn dagen geteld zijn.

Men wil hem zien en spreken; men eist van hem nieuwe sermoenen.

De oogsttijd breekt aan; Antonius maakt er gebruik van om zijn getrouwe en soms onbescheiden toehoorders naar hun koren en zwade te zenden.

De stikkende lome zomerhitte verergert de vermoeidheid van de zieke; hij maakt zich gereed voor afzondering op de buiten om er frisheid en natuurstilte te vinden, die de geest uitrusten en zijn gebed sterker maken.

Die grote volksbeweging, de beheerder van zondige zielen, hij die tegen de ondeugd zo kon uitvaren en de meest verstokte en opstandige gewetens met ijzige schrik sloeg, vindt gouden velden, groene struiken en zijn vrienden de bomen met vreugde terug.

. Men beeldt zich allicht in met hoeveel vreugde hij in de eigendom van zijn vriend Tiso de Campo Sampeiro aan de voet van een majestatische notelaar blijft staan.

Een ontzaglijke stam uit ruwe schors schraagt de reusachtige boom, in wiens buitenbekleding gouden korstmos ligt en wiens dikke takken in korfvorm verwijden.

— Gelukkige vogels, roept de Heilige uit. Tussen de hemel en hun vleugels ligt er geen dak. Ik ook zou op deze zo enig mooie boom God willen loven en mij aldus op de vlucht naar de eeuwigheid voorbereiden.

Onmiddellijk beslist hij niet verder te gaan; toevallig ligt er een heel klein en arm Minderbroederskloosterke in de nabijheid; in het klooster zal hij overnachten, maar de dag op de boom doorbrengen.

Met stro en biezenhalmen worden ongekunstelde schuiloorden op de dikste takken gevlochten... Antonius en gezellen vestigen zich in de luchtkluis.

Ziet hem op de boom en hoort hoe hij zijn danklied bij de zang van zijn broeders de vogels voegt ? Zijn blik volgt hun vlucht; hijzelf half stervend is gereed zijn Serafijnse vleugels open te slaan;zijn ziel, ontdaan van alle aardse ijdelheid, behoudt toch, om beter haar Schepper te loven, twee heerlijke dingen uit deze wereld: muziek en dichterlijkheid...

Op vrijdag 13 juni daalt Broeder Antonius, zwakker dan ooit, met moeite van de notelaar om in het nabije klooster zijn eetmaal te gaan nutten.

Onderweg voelt hij dat zijn krachten begeven; de Broeders nemen hem in hun armen en leggen hem te bed.

— Als gij het goedvindt, stamelt hij die de dood voelt naderen, zal ik naar Padua gaan naar ons Sint-Mariaklooster om de hier verblijvende Broeders niet te overlasten.

Men droeg hem naar Padua. Vooraleer de stad te bereiken verergerde zijn toestand zo dat hij in een buitenwijk van Capo di Ponte bij de Clarissen in hun Arcella-klooster moest stilhouden; daar was Helena Enselmini, onder zijn leiding tot zeer hoge heiligheid gestegen.

De zachte kloosterzuster, dank zij goddelijke voorkomendheid zou hem zien, die haar op de top gebracht had om van daaruit haar vlucht naar het hemels vaderland te nemen. Gedurende de doodstrijd van deze grote zielenleider, zullen hem noch verzorging, noch gebeden, noch tranen van kinderlijke genegenheid ontbreken.

De kwaal maakt snelle vorderingen; hij bedwingt de hevige pijnen, biecht en ontvangt de heilige Absolutie.

De zwakheid neemt toe, het doodsbleek gezicht evenwel weerkaatst stralende gemoedsrust.

De stem, die dwingelanden bedwongen, zoveel zondaars verschrikt en veranderd, zoveel volk meegesleept had, verheft zich ; de stervende stem tracht een laatste liefdelied te zingen ter ere van hare Koningin, Moeder, en Maagd Maria:

« *O gloriosa Domina, Excelsa super sidera...* ».

De aandachtige en bedroefde zusters, de naast hem geknielde Broeders luisteren met diepe ontroering naar de woorden die uit de verdroogde lippen ontsnappen. Het was de laatste vlucht van een hart dat van liefde geleefd had en wilde sterven onder het zingen van datgene, wat het beminde.

De zang hield op. Antonius half opgericht, met verlicht gezicht en hemelse vreugde, staart op iets voor hem, dat de omstaanders niet merkten.

— Broeder, naar wat kijkt gij ? vraagt een kloosterling.

— Ik zie, antwoordt hij, mijn Heer Jezus, Die mij roept...

Men diende hem het Heilig Oliesel toe.

Met de Broeders bidt hij de Boetpsalmen en enige stonden later geeft hij zijn schone ziel aan God terug[16].

Het nieuws van zijn dood verspreidde zich bliksemsnel te Padua. Kinderen liepen door de straten en riepen: De Heilige is dood !... Onze Heilige is dood !... Sint-Antonius is dood !...

Het volk ijlde naar het stoffelijk overschot van de vereerde Vader; de inwoners van het gehucht en die van de stad stonden op het punt met elkaar om het lichaam van de Heilige te twisten, zozeer hielden de enen en de anderen er aan die kostbare reliek te behouden.

De begrafenis was een grote uiting van liefde en droefheid van gans een volk. Broeder Antonius werd op dinsdag 17 juni in zijn lieve Sint-Mariakerk begraven. De bedroefde Padovers konden zich over het verlies van hun grote Wonderdoener niet troosten en namen de gewoonte aan naar zijn graf menigvuldig te bedevaarten en er zieken en gebrekkigen heen te voeren.

Vele Italiaanse steden en dorpen volgen weldra dit voorbeeld na.

Zoveel wonderen geschiedden, zoveel genezingen en genaden werden verkregen dat op minder dan één jaar na zijn overlijden Gregorius IX hem te Spoleta op Pinksterdag, 30 mei 1232, gelukzalig verklaarde.

« O verheven leraar, zong de Paus na het danklied « Te Deum, licht van de Heilige Kerk, gelukzalige Antonius, die zoveel de hemelse wet uitgelegd en zelf volmaakt onderhouden hebt, bid voor ons tot de Zoon van God ».[17]

Padua, als Assisi, een gelukkige plek met een enkele gedachte gevuld, leeft van één overlevering en van één graf, gaat fier op de schat die zij bezit; zij wilde ter ere van haar Heilige, altaar en tempel zijner waardig oprichten, « *Gaude, felix Padua, quae thesaurum possides...* ».

De werken waren nog niet af, toen in 1262 in het reeds voltooide gedeelte de overblijfsels van de Heilige bijgezet werden.

Vanuit het open graf steeg hemelse geur op. Het lichaam was bijna helemaal tot stof vergaan, maar in de mond stak ongeschonden de roze tong.

De Heilige Bonaventura, minister-generaal van de Orde, nam haar ontroerd en eerbiedig op, toonde haar aan het omringende volk en riep uit:

« O gezegende tong, die niet opgehouden hebt God te loven en aan anderen te leren Hem te zegenen, nu ziet men klaar hoe kostelijk gij in Gods ogen waart... ».

Voetnoten

[1] Fernando Martin de Bouillon die Antonius als kloosternaam aannam, predikte lange tijd te Padua en stierf er in geur van heiligheid; daarom heet men hem Sint- Antonius à Padua; in feite echter werd hij te Lisboa, in 1195, geboren. Op 13 juni 1934 stelde Pius XI hem tot patroon van Portugal aan.

[2] Na Fernando werden nog drie kinderen geboren : Velasquez een dochter, Gillis of Egidius, een zoon, en Maria, die later kanunnikesse in Sint-Michielsklooster werd.

[3] Fernando was door vader gelast de rovende mussen van de fruitbomen te verwijderen; op het ogenblik waarop hij gewoon was het H. Sacrament te bezoeken, roept hij zachtjes de kleine vogeltjes en sluit hen, zolang hij in de kerk zal bidden, in een afhankelijkheid van het huis op.

[4] Nog wijst men in dit Mosteiro-de-San-Vincent, waarin de kardinaal-patriark van Lisboa verblijf hield, de cel aan, cal Sint-Antonius à Padua geheten van waaruit men een heerlijk uitzicht op de baai van de Taag geniet.

[5] Nog wordt te Coimbra in de kerk van het Mostoiro-de San-ta-Cruz gewezen op de graven van de eerste Portugese koningen Alfonsius I en Sanchez I en ten Zuiden van het klooster op de kapel ter ere van Sint-Teotonius als prior uitgebeeld.

[6] Isaia. XXX

[7] Franciscus van Assisi bevond zich toen eigenlijk in Italië; het was dus een wonder van bilocratie, toen hij aan Fernando in de Sint-Kruiskerk te Coimbra verscheen.

[8] In de kerk van dit klooster staat een Latijns opschrift uit 1656 : «Sta stil, reiziger, beschouw dit heiligdom, kus deze muren, die de cel of liever de hemel van Antonius waren...».

[9] Het paittel duurde acht dagen en de Broeders moesten nog twee dagen rond de wieg van hun Orde blijven om, het eten te verbruiken, waarmede de inwoners van Assisi hen overladen hadden.

[10] Hij getuigde zo mooi over zijn leerling : « Misschien minder dan sommigen onderricht in de profane kundigheden, verwierf hij zo ras de mystieke theologie dat over hem kon gezegd worden zoals over Sint Jan-Baptist : «Hij is een vurige en schitterende fakkel... »

[11] De heilige Bonaventura zal enige jaren later verklaren dat dit een der wonderlijkste voorrechten is door God aan Antonius geschonken; na zeven eeuwen zullen de christenen uit geheel de wereld de Heilige nog met vertrouwen voor hun tijdelijke en geestelijke noodwendigheden aanroepen, uit dankbaarheid te zijner eer beelden oprichten en in soms ontzagwekkende basilieken zowel als in eenvoudige dorpskerken altaars opbouwen.

Sint- Franciscus van Sales antwoordde eens aan een spotter, die lachte met de volksgewoonte zich tot Antonius te wenden om verloren zaken terug te vinden : «Werkelijk, mijnheer, ik heb goesting om met u een belofte te doen om terug te vinden dat wat wij elke dag verliezen, gij, christelijke eenvoud en ik, nederigheid, wier beoefening ik verwaarloos ».

[12] Sommige schrijvers plaatsen dit wonder te Toulouse.

[13] Het wapen van Limoges voert nog de oude leuze in het schild : « Dieu garde la ville et Saint Martial la gent», God bewaart de stad en Sint- Martiaal het volk ».

[14] De « *Creux des Arènes* » heden gevuld, is een der openbare hovingen uit de stad : « le *jardin d'Avray* ».

[15] Sint Antonius « *Serm. in psalmos* ».

[16] Een Portugese legende verhaalt dat op het uur waarop Antonius stierf, de klokken uit Lisboa, die over het doopsel van de

Heilige geluid hadden, nu alle en plots luidden om zijn geboorte voor het eeuwig leven te vieren.

[17] Ozanam « *Les poètes franciscains* ». chap. III.

Inhoud

9 782930 052519